슬기로운
초등학교 생활

슬기로운 초등학교 생활

초판 1쇄 발행 | 2024년 05월 02일

지은이 | 구경석·김시원
펴낸이 | 박영욱
펴낸곳 | 북오션

주　소 | 서울시 마포구 월드컵로 14길 62 북오션빌딩
이메일 | bookocean@naver.com
네이버포스트 | post.naver.com/bookocean
페이스북 | facebook.com/bookocean.book
인스타그램 | instagram.com/bookocean777
유튜브 | 쏠쏠TV · 쏠쏠라이프TV
전　화 | 편집문의: 02-325-9172　영업문의: 02-322-6709
팩　스 | 02-3143-3964

출판신고번호 | 제 2007-000197호

ISBN 979-11-91979-55-8 (73370)

*이 책은 (주)북오션이 저작권자와의 계약에 따라 발행한 것이므로 내용의 일부 또는 전부를
　이용하려면 반드시 북오션의 서면 동의를 받아야 합니다.
*책값은 뒤표지에 있습니다.
*잘못 만들어진 책은 구입하신 서점에서 교환해 드립니다.

2024년부터 적용되는 2022년 개정 교육과정 반영

누구나 처음엔 어렵고 낯선 초등 생활 안내서

슬기로운 초등학교 생활

구경석·김시원 지음

깊은나무

    여러분이 기억하는 초등학교는 어떤 모습인가요? 아마 그 기억 속의 학교는 수십 년 전의 모습을 하고 있을 것입니다. 워낙 오래전 일이다 보니 어쩌면 그것마저도 선명하지 않은 기억이겠지요. 학교의 시설부터 교사들의 교육관, 각종 학교 교육 제도까지, 오랜 세월이 흐르는 동안 학교 현장에는 많은 변화가 있었습니다.

    우리는 모두 초등학교라는 세상을 경험했습니다. 하지만 저마다의 이유로 그 세상을 슬기롭게 살아가지 못한 아쉬움을 간직하고 있습니다. 누군가는 학습에 어려움을 겪었고 또 다른 누군가는 대인 관계에 어려움을 겪었을 것입니다. 이외에도 수많은 이유가 있었겠지요. 교사가 된 지금, 보다 넓은 시각으로 아이들의 초등학교 생활을 바라볼 수 있게 되었습니다. 이제서야 비로소 보이는 것들이 많습니다. 동시에 지금 알고 있는 것을 그때 미리 알았더라면, 나의 초등학교 생활이 보다 유익하고 즐겁지 않았을까 하는 생각을 합니다.

　초등학교에서 내딛는 한 걸음은 아이들이 앞으로 떠나게 될 모든 여행의 시작입니다. 그 한 걸음을 어떠한 방향으로 내딛는지에 따라 아이들이 써나갈 여행기의 내용은 달라지겠지요. 따라서 초등학교 생활을 슬기롭게 해내는 것은 인생이라는 항해의 돛을 올바르게 다는 일처럼 매우 중요합니다.
　많은 것이 낯설고 처음인 아이들은 초등학교에 제대로 적응하지 못하거나 학교생활에 어려움을 겪기도 합니다. 동시에 우리 아이가 혹여나 어려움에 빠지지는 않을까 걱정하는 것은 모든 부모의 마음이겠지요. 학부모님들은 아이들의 학교 생활을 돕고자 하나 구체적으로 어떤 도움을 주어야 하는지 알지 못하는 경우가 많습니다. 현재의 초등학교 모습을 정확하게 알지 못하기 때문입니다. 이를 위해 슬기로운 학교생활에 대한 팁을 모았습니다. 이러한 저희의 마음이 자녀의 학교생활에 대한 부모님의 궁금증을 해결해줄 수 있는 안내서가 되길 바랍니다.

　이 책은 다음과 같은 내용으로 구성되어 있습니다.
　1장 '즐거운 저학년 생활'은 초등학교 생활을 처음 맞이하는 아이와 부모님이 초등학교에 대해 쉽게 이해하고 빠르게 적응할 수 있도록 돕는 내용으로 구성하였습니다.
　2장 '슬기로운 중학년 생활'은 본격적으로 학습의 토대를 다지고 친구 관계를 쌓아가는 3~4학년 아이들이 바람직한 방향으로 나아갈 수 있도록 이정표를 제시하고 있습니다.

3장 '바른 고학년 생활'은 학습적인 측면과 아울러 아이들의 생활에 관한 이야기, 진로와 관련된 내용을 담았습니다.

부디 이 책이 교육에 대해 함께 고민하는 동료들과 아이를 초등학교에 보내고 걱정하시는 학부모님, 그리고 세상의 희망이 될 아이들에게 도움이 되기를 소망합니다.

2024년 4월
지금 이 순간에도 성장하고 있는 아이들을 응원하며
구경석, 김시원

차례

머리말 • 004

1장 즐거운 저학년 생활 1~2학년

01. 입학 후 한 달, 6년을 결정한다 … 012
02. 초등학교 교실은 이렇게 달라요 … 016
03. 교과서 이름이 '학교'라고? 저학년이 배우는 교과목 … 021
04. 1학년의 한글교육과 받아쓰기 … 025
05. 아직 저학년인 우리 아이, 영어를 시작해도 될까요? … 029
06. 급식시간이다! 3가지 미션을 완수하라 … 034
07. 자기관리의 시작, 꼼꼼하게 챙기자 … 038
08. 학교에는 어떤 행사가 있나요? … 042
09. 방과후 아이 관리 꿀팁 … 048
    (돌봄교실, 방과후학교, 방과후연계형돌봄교실)
10. 교실을 엿볼 수 있는 기회, 총회와 공개수업 … 053
11. 담임교사와 센스 있게 상담하기 … 060
12. 지각, 조퇴, 결석을 관리하는 법 … 065
13. 학교생활에 건의사항이 있어요 … 072
14. 아이가 학교에서 다쳐서 왔어요 … 077
15. 통지표 해석하기① 선생님의 언어를 해석해보자 … 080

2장 | 슬기로운 중학년 생활 3~4학년

01. 아홉 과목으로 6교시를 시작하다 086
02. 하루를 알차게 정리하는 배움공책 정리법 091
03. 벌어지기 시작하는 학습 격차, 지금 잡아야 합니다 098
04. 영어, 뒤처지지 않으려면? 103
05. 좋은 독서 습관 만들기 108
06. 우리 아이 글씨체, 이대로 괜찮은가요? 112
07. "선생님 빨리 낳으세요" 116
08. 일기쓰기가 어려워요 120
09. 학교 숙제, 어디까지 도와줘야 할까? 129
10. 학급 임원 선거에서 당선되는 법 135
11. 친구 관계, 성향이 보이기 시작하는 시기 140
12. 초등학교 집단 따돌림의 특징 146
13. 좋아할 수밖에 없는 아이들의 특징 154
14. 이거 해볼까? 학교 스포츠클럽, 학교 운동부 161
15. 영재학급에 들어가고 싶어요 167
16. 통지표 해석하기② 잘함, 보통, 노력요함의 의미 173

3장 | 바른 고학년 생활 5~6학년

01. 고학년, 심화되는 학습 환경 180
02. 학습 마라톤을 위한 자기주도학습 습관 기르기 186
03. 누적된 학습 부진에서 벗어나는 방법 190
04. 초등학생의 정보통신기기 활용능력 195
05. 방학 200퍼센트 활용하기 202
06. 전교 임원이 되고 싶어요 207
07. 사춘기 아이들의 교실 속 생활 모습 213
08. 벌써 연애를 시작한 아이 219
09. 이 시기에 꼭 필요한 인성 교육(사이버폭력, 성폭력) 222
10. 학교폭력 피해(가해) 학생이 되었을 때의 대처법 229
11. 스마트폰과 게임에 빠진 아이, 이렇게 해보세요 237
12. 우리 아이의 도덕성, 어느 단계일까? 241
13. 진로를 찾아가는 가장 효과적인 방법 249
14. 중학교 진학 전, 선행학습이 필요할까? 254
15. 중학교 배정 A to Z(일반중, 특차중, 국제중) 258

1장
즐거운 저학년 생활
1~2학년

입학 후 한 달, 6년을 결정한다

01

3월, 초등학교에 입학한 아이들은 첫 사회에 발을 디딥니다. 어린이집, 유치원과는 다른 '제대로 된' 사회생활을 경험하는 것이지요. 학교에 입학하고 나서부터는 아이들 스스로 등교도 해야 하고, 교실 내에서 지켜야 할 규칙도 훨씬 많아집니다. 이런 환경의 변화로 아이들은 자신도 모르게 스트레스를 받기도 하지요. 변화를 잘 받아들이지 못하는 아이들은 등교를 거부하기도 하고 학교 수업에 잘 참여하지 못하기도 합니다. 혹시 우리 아이가 이런 어려움을 겪고 있지는 않은지 3월 한 달 동안은 부모가 관심 있게 살피는 것이 중요합니다. 초등학교 입학의 첫 단추를 잘 끼워야 앞으로 6년의 학교생활을 더 수월하게 할 수 있기 때문이지요.

입학 후 한 달, 집중해야 할 '이것'

첫째, 등교 습관 형성입니다. 아침에 일어나 스스로 학교 갈 준비를 하고, 등굣길을 걸어 학교에 도착해 수업을 듣고, 수업 후 하교하는 일련의 과정을 습관처럼 익히는 것이 중요합니다. 아침에 늦었다는 엄마, 아빠의 말에 허둥대며 일어나 겨우겨우 학교에 오는 것을 반복한다면 학교를 즐거운 공간으로 인식하기 어렵겠지요. 언제까지고 부모가 깨우고 달래는 아침을 반복할 수도 없는 노릇입니다. 따라서 입학 후 한 달 동안 부모가 함께 아이의 등교 습관을 잡아주는 것이 필요합니다. 아침 시간이 항상 여유가 없고 힘들다면 아이와 함께 등교 전 해야 하는 일이 무엇인지 체크리스트를 작성하고, 하나씩 점검하면서 준비하는 것도 좋습니다. 아침 먹기, 양치질하기, 옷 입기, 양말 신기 등 해야 하는 일을 아이가 스스로 표시하면서 아침 준비를 하도록 하는 것입니다. 부모의 잔소리로 시작되는 하루가 아니라, 자신의 의지와 관리로 시작되는 하루는 매일 등교하는 아이에게 긍정적인 힘을 줍니다.

둘째, 정확한 의사 표현입니다. 어떤 아이들은 선생님께 화장실 가고 싶다는 말을 하기를 어려워해 집에 갈 때까지 꾹 참기도 합니다. 학습지를 받지 못한 상황에서도 손을 들고 말하기가 부끄러워 멀뚱멀뚱 앉아 있기도 하지요. 자신의 의사를 정확히 표현하지 못한다면 학교에서 일어나는 여러 상황에 어려움을 겪을 수밖에 없습니다. 말을 하지 않으니 주변에서도 도와주기 힘들고, 아이는 혼자 남몰래 스트레스를 받는 일도 생기지요. 따라서 가정에서 이런 부분을 주의 깊게 관찰하고 도움을 주어야 합니다. 입학 전부터 집에서 큰소리로 발표하는 연습도 해보고, 놀이터에서 친구와 자유롭게 놀거나, 집으로 친구를 초대해 자주 어울리며 편하게 의사소통하는 기회를 열어주는 것도 좋습니다. 자기 생각과 기분을 잘 표현할 때, 아이들도 학교에서의 시간을 편안하게 느낄 것입니다.

셋째, 기본 생활 습관 형성입니다. 초등학교 저학년부터 만들어진 기본 생활 습관은 아이의 학교생활 전반에 영향을 미칩니다. 입는 옷을 깔끔하게 관리하고 용모를 단정히 하는 습관, 자신의 물건에 이름을 쓰며 챙기는 습관, 자기 책상 서랍과 사물함을 가지런히 정리하는 습관은 이때 잡아주는 것이 좋습니다. 학교에서도 아이들의 자기관리 습관을 위해 교사가 수시로 책상과 사물함을 점검하기도 하고, 자신의 물건에 이름을 쓰는 것을 권장하지요. 가정에서는 부모가 아이와 함께 아이의 방 혹은 필통 속 등을 수시로 살펴보며 효과적인 정리정돈법을 가르치는 것이 필요합니다. 이런 기본 생활 습관이 형성된 아이는 자립심이 바탕이 되어 학교에서 주어지는 일들을 더욱 잘 수행하게 되지요.

아이를 믿고 기다려주자

아이들이 초등학교 입학을 설레고 두려워하는 것처럼, 부모도 아이의 초등학교 생활이 걱정될 것입니다. 혹시 우리 아이가 등교를 거부하지는 않을까, 학교에서 어려움을 겪지 않을까 노심초사하게 됩니다. 하지만 부모는 아이가 학교에 자연스럽게 적응할 수 있도록 조급해하지 않고 기다려주어야 합니다. 아이가 달라진 주변 환경에 적응하고, 학교의 다양한 규칙들을 차근차근 습득할 수 있도록 뒤에서 묵묵히 믿어주는 것이지요. 또한, 아이들이 학교에 대해 긍정적인 마음을 가지고 즐겁게 학교생활을 할 수 있도록 긍정적인 피드백을 주는 것이 중요합니다. 학교가 자신의 성장과 발달을 위해 많은 것들을 도와주는 곳임을 기억한다면 아이들은 열린 마음으로 학교생활에 임할 수 있을 것입니다.

초등학교 교실은 이렇게 달라요

　유아교육기관(유치원 또는 어린이집)을 졸업하고 초등학교에 입학한 학생들은 급격한 환경 변화를 마주하게 됩니다. 건물의 규모부터 학교에서 느껴지는 분위기까지 유치원(어린이집)의 그것들과는 상당히 다른 모습입니다. 특히 아이들이 주로 생활하게 될 교실 공간은 유치원 교실과 비교하여 많은 차이를 보이기 때문에 아이들에게 매우 낯설게 느껴질 수 있습니다. 아이들과 새롭게 만나게 되는 선생님 또한 유치원(어린이집)의 선생님과는 다른 성향을 지니고 있을 것입니다. 이제부터 아이들은 학기 초 적응 활동을 통해 새로운 환경에 적응해 나가야 합니다.

아이를 둘러싼 환경이 완전히 달라집니다

초등학교와 유아교육기관은 중점을 두고 있는 교육 방식이 다릅니다. 아이들에 대한 교육 방식이 놀이 중심에서 학습 중심으로 바뀌면서 교실의 모습은 크게 달라집니다. 유아교육기관의 교실은 영역별 놀이 공간을 중심으로 구성되어 있습니다. 언어 영역, 수·조작 영역, 쌓기 영역, 음률 영역, 역할 영역 등으로 교실을 구분하고 각 공간에는 이에 맞는 놀이 교구들을 배치합니다. 아이들은 놀이 영역을 자유롭게 이동하며 자신이 원하는 놀이에 참여할 수 있습니다. 하지만 초등학교 교실에는 이러한 놀이 영역이 마련되어 있지 않고 유아교육기관만큼 많은 놀이 교구가 구비되어 있지 않습니다. 대신 다양한 도서를 구비하여 아이들이 본격적으로 독서에 관심을 가질 수 있도록 유도합니다.

초등학교 교실에서 아이는 자신만의 자리를 배정받습니다. 특정 기간 동안 정해진 자리에 앉게 되며 수업 시간에 특별한 이유 없이 다른 자리로 이동할 수 없습니다. 자연스럽게 자신의 주변에 위치한 친구들과의 상호작용 빈도가 높아집니다. 따라서 초등학교 교실에서는 아이가 짝과의 관계를 원만하게 형성하는 것이 중요합니다.

아이들은 자신의 물품을 보관할 수 있는 공간을 갖게 됩니다. 일반적으로 책상 서랍, 사물함, 신발장이 있습니다. 이곳은 다른 친구들과 공유하지 않으며 단독으로 사용하는 공간입니다. 이 시기에 아이들은 자신만의 공간을 활용하여 물건을 정리하는 습관을 형성하는 것이 중요합니다. 물건을 바르게 정리하면 공간을 효율적으로 활용할 수 있고 필요한 물건을 빠르고 쉽게 찾을 수 있습니다.

학교에는 체육관, 컴퓨터실, 과학실, 도서관, 소강당 등 아이들의 교육을 위해 다양한 특별실 공간이 준비되어 있습니다. 각 특별실에는 용도에 맞는 특별한 물품들이 구비되어 있습니다. 이러한 물품은 안전 문제를 야기할 수 있기 때문에 아이들은 각 특별실에 따른 이용 수칙을 반드시 숙지해야 합니다. 예를 들어 과학실에 있는 실험 도구나 체육관에 있는 체육 교구 등을 사용할 때는 그 사용 방법을 정확하게 이해하고 선생님의 지도하에 이용해야 합니다.

지금까지 공간적인 환경의 변화에 대해 다루었다면, 이제부터는 시간적인 환경 변화에 대해 알아보겠습니다. 초등학교의 일과는 고정된 시정표에 의해 흘러갑니다. 초등학교에서는 1학년부터 6학년까지 많은 수의 아이들이 학교 시설을 공유합니다. 그렇기 때문에 정해진 시정표에 따르지 않을 경우 교육 활동을 원활하게 진행할 수 없고 다른 학생들에게 피해를 줄 수 있습니다. 초등학교의 시간은 40분 단위를 기준으로 흘러갑니다. 기본적으로 수업 시간 40분과 쉬는 시간 10분이 짝을 이룹니다. 여기에서 아이들은 쉬는 시간 10분을 효과적으로 활용하는 방법을 익혀야 합니다. 쉬는 시간에 화장실을 가는 등 개인적인 용무를 해결하고 수업 시간에 하지 못했던 일을 하며 수업 시간과 쉬는 시간을 명확하게 구분해야 합니다. 초등학교 수업의 특성상 수업 시간에 개인적인 일을 하는 것은 곧 학습 결손으로 이어지므로 쉬는 시간을 제대로 활용하는 것이 매우 중요합니다.

유아교육기관의 선생님과
초등학교 선생님은 이렇게 다릅니다

개인 차가 있을 수 있지만, 유아교육기관의 선생님과 초등학교의 선생님은 아이들에 대해 어느 정도 보편적인 성향 차이를 지니고 있습니다. 피아제(Piaget)의 인지발달 이론에 따르면 대부분의 유아교육 대상 아이들은 감각운동기를 거쳐 전조작기에 머무르고 있습니다. 이 시기의 아이들은 언어능력을 비약적으로 발전시키고 단어와 물체를 연관시킬 수 있는 상징적 사고 능력을 갖추게 됩니다. 반면 아직은 대상을 여러 관점에서 바라보지 못하고 자아중심적으로 사고합니다. 유아교육기관의 선생님은 아이들의 이러한 발달 단계에 대해 인지하고 있기 때문에 자기중심적으로 사고하고 행동하는 아이들을 수용하는 범위가 넓습니다. 타인에 대해 배려하지 못하는 아이의 행동을 당연하게 여기고 아직은 그러한 행동을 자연스러운 것으로 간주합니다.

유아교육기관을 졸업하고 초등학교에 입학하는 아이들은 구체적 조작기에 들어섭니다. 이 시기의 아이들은 자신과 타인이 다름을 인지하고 타인의 사고나 감정, 상황 등을 그 사람의 관점에서 이해할 수 있는 조망수용능력을 가지게 됩니다. 이것은 자아중심적 사고에서 벗어나 타인의 생각이나 감정을 이해하고 배려할 수 있게 된다는 의미입니다. 따라서 초등학교 선생님은 아이들이 타인의 입장을 이해하고 타인에게 양보하고 배려하기를 기대합니다. 아이들이 본격적으로 더불어 사는 삶을 배워야 한다고 생각하기 때문에 아이들에게 학급 규칙을 일관되게 적용하고 자기중심적인 아이의 행동에 단호하게 대응합니다. 아이들에게는 유아교육기관의 선생님에 비해 초등학교 선생님이 비교적 엄격한 존재로 느껴질 수 있습니다. 초등학교 선생님의 이러한 성향은 학년이 올라갈수록 짙어지는 경향이 있습니다. 따라서 아이들은 초등학교 저학년 시기에 선생님의 달라진 모습에 대해 빠르게 적응할 필요가 있습니다.

03 교과서 이름이 '학교'라고? 저학년이 배우는 교과목

2024년부터 초등 1~2학년에는 2022 개정 교육과정이 적용됩니다. 2015 개정 교육과정을 지나 2022 개정 교육과정에서는 입학 초기 적응활동, 교과서, 시수 등이 대폭 수정되었습니다. 여기서 입학 초기 적응활동은 초등학교 입학 후 3월 한 달 동안 진행되는 것으로 유치원 누리과정과 연계해 통합교과, 창의적 체험활동을 바탕으로 학생들이 학교에 익숙해질 수 있도록 돕는 활동입니다. 2022 개정 교육과정에서는 학생들의 효과적인 학교 생활 적응과 한글 해득 교육을 위해 입학 초기 적응활동 시수가 조정되었습니다.

입학 초기 적응활동이 끝나면 본격적인 교과학습이 시작되는데 1, 2학년의 교과는 크게 국어, 수학, 통합으로 이루어져 있습니다. '통합'은 우리가 잘 알고 있는 바른생활, 즐거운 생활, 슬기로운 생활이지만 아이들은 '학교,

우리나라, 사람들, 우주' 등의 교과서로 배우게 됩니다. 특히 2022 개정 교육과정 통합 교과에서는 지금-여기-우리 삶을 위한 배움을 추구하여 학생들이 자기주도적이고 창의적인이며 더불어 사는 사람으로 성장하도록 하였습니다.

국어

국어는 모든 과목의 기본이 되는 교과이기 때문에 일주일에 배당된 시간이 가장 많습니다. 1, 2학년 국어 과목에서는 기본적인 한글 자모와 낱말, 띄어쓰기 등을 포함해 생각을 글로 표현하는 방법, 타인의 기분을 생각하며 말하는 방법, 문학 작품을 읽고 간단한 생각을 나누는 활동을 합니다. 국어는 함께 학습하는 '국어 활동' 교과서가 있습니다. 국어책에 담긴 내용을 보충해 함께 공부하는 교과서로 활동 중심의 내용을 포함합니다.

<1학년 국어 교과서 내용 미리보기>

단원명	단원 학습 목표	학습 활동
한글놀이	한글 놀이를 하며 글자 익히기	글자 모양 찾기 소리 마디 구분하기 모음자, 자음자 알고 쓰기
글자를 만들어요	받침이 없는 글자 읽고 쓰기	글자에서 자음자 모음자 찾기 바른 자세로 글자 읽고 쓰기

받침이 있는 글자를 읽어요	받침이 있는 글자 읽기	받침이 있는 글자 읽기 바른 자세로 발표하기 다른 사람의 말 집중해 듣기
낱말과 친해져요	낱말을 읽고 쓰는 즐거움 알기	받침이 있는 글자 쓰기 자신 있게 낱말 읽기
여러 가지 낱말을 익혀요	여러 가지 주제의 낱말 읽기	나와 가족에 관련된 낱말 익히기 학교와 이웃에 관련된 낱말 익히기
반갑게 인사해요	친구들과 이야기 나누기	상황에 따른 인사말 알기 동시를 듣고 따라 읽기
또박또박 읽어요	문장을 알맞게 소리 내어 읽기	여러 가지 문장 읽기 문장부호 쓰임 알기

수학

 수학도 '수학 익힘'이라는 짝꿍 교과서가 있습니다. 선생님마다 운영 방식이 다르지만, 수학 익힘의 문제들을 학교에서 풀기도 하고 집에서 해오는 과제로 내주시기도 합니다. 1, 2학년 수학의 수와 연산 영역에서는 네 자리 이하의 수를 읽고 쓰기, 두 자릿수 범위의 덧셈과 뺄셈 등의 개념을 익힙니다. 도형과 측정 영역에서는 입체도형과 평면도형의 기본을 배우고, 시계 보는 법, 길이 재기 등을 배웁니다. 2학년이 되면 중요한 개념인 구구단이 등장합니다. 구구단은 앞으로 나올 많은 수학 개념의 기초가 되기 때문에 3학년이 되기 전까지 완벽하게 외우는 것이 중요합니다.

통합

　통합 교과는 1학년의 경우 '학교', '사람들', '우리나라', '탐험', 2학년은 '나', '자연', '마을', '세계' 등의 교과서가 있습니다. 이는 2024년 1월 기준으로, 2학기 교과서의 경우 현장적합성 검토 결과를 반영해 수정, 보완한 후 최종본을 제작할 예정이라고 합니다. 새 통합 교과서의 특성상 교실 여건과 조건에 맞게 구체화하거나 새로 개발할 수 있으며, 교실에서 교사와 학생이 함께 협의하여 수업을 만들도록 명시되어 있습니다. 즉 지역, 학교, 교사에 따라 재구성하여 운영되므로 놀이, 활동, 실천, 체험 중심으로 다양한 수업을 한다고 이해하면 됩니다.

<1학년 1학기 교과서 표지>

1학년의 한글교육과 받아쓰기

"아직 한글을 완벽히 못 뗐는데 괜찮을까요?"

초등학교에서는 한글 책임교육을 시행하고 있습니다. 2022 개정 교육과정을 살펴보면 1학년 1학기에 한글 집중 이수 시간으로 51시간이 배정되어 있습니다. 한 학기 정도 되는 시간 동안 아이들이 충분히 한글 교육을 받을 수 있는 것입니다. 그러므로 입학 전에 한글을 다 떼지 못했다고 해서 너무 걱정할 필요는 없습니다. 교육과정에 배정된 대로 ㄱ, ㄴ부터 모음, 낱말까지 차근차근 배울 수 있기 때문이지요.

그런데도 2020년 교육부와 문화체육관광부에서 실시한 설문 조사를 보면 미취학 아동 학부모 중 87.2퍼센트가 한글 교육을 하고 있다는 것을 알 수 있습니다. 실제로 입학한 1학년을 살펴보면 교과서의 문장들을 읽을 수 있고 쉬운 단어 정도는 쓸 줄 아는 아이들이 많습니다. 하지만 이 안에서도 글자는 알지만 삐뚤빼뚤 쓰는 아이, 자모 순서를 헷갈려 거꾸로 쓰는 아이, 자기 이름만 겨우 쓸 줄 아는 아이 등 다양한 수준이 있지요. 부모로서는 이 모든 상황이 걱정되기 마련입니다. '다른 아이들은 다 쓸 줄 아는데 우리 아이만 뒤처지면 어떡하지?', '아직 받침 있는 글자는 완벽하게 못 쓰는데 어쩌지?' 등 불안한 마음이 들어 아이에게 한글 학습을 지나치게 많이 시키기도 하지요.

하지만 아이의 성향에 따라 입학 전 과도한 한글 학습이 아이에게 스트레스로 다가올 수도 있습니다. 아이가 한글 선행학습을 한 후 학교 국어 수업에는 집중하지 못할 수도 있고, 벌써 글씨 쓰기에 대해 거부감을 가질 수도 있기 때문입니다. 실제로 학교에서는 학생들이 한글을 편하게 느끼며 익힐 수 있도록 1학년 1학기에는 받아쓰기, 알림장 쓰기와 같은 활동을 시행하지 않게 되어 있습니다. 처음 한글을 배우는 단계인 만큼 천천히, 깊이 있게 배우도록 하는 것이지요. 가정에서도 이런 흐름에 발맞추어 아이에게 자주 책을 읽어주고, 주변의 글자를 함께 읽어보며 아이가 한글을 친숙하게 느끼도록 하는 노력이면 충분하리라 생각합니다.

받아쓰기 준비는 이렇게!

학교마다 다르지만 빠르면 1학년 2학기부터, 늦어도 2학년부터는 받아쓰기를 시행합니다. 보통은 교사가 '받아쓰기 급수표'라는 것을 나눠주고,

급수표에 있는 문장들을 시험 보게 됩니다. 교과서에 있는 문장을 단원별로 모아놓은 급수표도 있고, 받침이 없는 낱말부터 짧은 문장까지 단계별로 나누어진 급수표도 있지요.

<급수표 예시>

1급	1. 소중한 책을 소개해요	2급	2. 소리와 모양을 흉내내요
1	책	1	햇볕
2	박쥐	2	빗방울
3	예쁘다	3	반짝반짝
4	맛있는 음식	4	주렁주렁
5	낚시를 해요.	5	멍멍 짖었다.
6	학교에 갔다.	6	이제 괜찮아?
7	여러 가지 모양	7	단풍이 울긋불긋
8	연필을 깎았다.	8	친구와 놀았다.
9	생각했습니다.	9	놀이터에 앉아서
10	나는 책이 좋아요.	10	즐거운 시간을 보냈다.

선생님이 시험 볼 날짜를 미리 이야기해주면 열심히 공부하고 와서 시험을 봅니다. 선생님이 문장을 천천히 2~3번 읽어주면 들은 대로 공책에 쓰는 것이지요. 받아쓰기는 아이들이 보는 '첫 시험'이기도 하기 때문에 시험을 보기 전에 은근한 긴장감이 생기기도 합니다. 받아쓰기가 단순히 띄어쓰기와 맞춤법을 확인하는 시험이라고 생각하기 쉽지만, 첫 시험인 만큼 친구끼리 점수를 비교하는 분위기 속에서 학습 자기효능감이 형성되는 데

영향을 주기도 합니다.

　가정에서는 받아쓰기를 어떻게 연습하면 좋을까요? 첫째로, 선생님이 나눠준 급수표를 3번 이상 써보며 연습해보세요. 눈으로 글자를 보며, 입으로 소리 내 읽고, 손으로 쓰는 작업은 문장 하나, 하나를 머릿속에 각인하는 데 효과적인 방법입니다. 글자의 생김새를 보면서 글자가 어떻게 발음되는지 스스로 읽고 듣기 때문에 글자와 소리의 대응 관계를 직관적으로 이해할 수 있습니다. 둘째, 평소에 책을 소리 내 많이 읽어보는 것이 많은 도움이 됩니다. 이때 부모가 옆에서 틀리기 쉬운 발음은 짚어주며 올바른 발음을 익히도록 해야 합니다. 도서관에서 책을 빌려 읽거나 학교에서 배우는 국어 교과서를 읽어도 좋습니다. 평소 책에서 많은 어휘를 접한다면 어려운 맞춤법이나 띄어쓰기도 자연스레 배울 수 있을 것입니다. 셋째, 받아쓰기 시험을 실전처럼 해보면서 틀린 문제를 반복해서 학습해보세요. 학교에서 시험을 보면, 연습 때 틀렸던 문장을 시험에서 똑같이 틀리는 모습을 자주 볼 수 있습니다. 아직 완벽한 학습이 안 되었다는 의미겠지요. 집에서 간이 시험을 보면서 자주 틀리는 문장을 반복해서 학습하면 받아쓰기 시험을 더욱 완벽하게 대비할 수 있을 것입니다.

05 아직 저학년인 우리 아이, 영어를 시작해도 될까요?

　1~2학년은 아직 '영어' 과목을 배우지는 않습니다. 영어는 3학년 때부터 정식 과목으로 배우게 되지요. 하지만 요즘은 영어유치원을 다녀서 이 시기에 이미 영어가 익숙한 아이들도 있고, 학습지나 태블릿 비대면 학습 등으로 영어를 빠르게 시작하는 추세입니다. 그래서 '우리 아이도 영어 공부를 시켜야 하나?', '영어 공부는 무엇부터 시작해야 하나' 고민하는 부모들이 많지요. '초등학교 저학년은 아직 모국어를 완벽하게 습득하기 전인데 새로운 언어를 시작하면 오히려 아이가 혼란스러워하지 않을까?' 하는 생각이 들기도 합니다.

알파벳과 파닉스를 익혀보자

영어 조기교육에 대해서는 전문가마다 의견이 분분하지만, 저는 가능하다면 영어를 학교에서 배우기 전인 3학년보다 일찍 시작하기를 추천합니다. 그 이유는 영어를 일찍 시작하는 아이들 속에서 본격적으로 학교에서 영어 교과 수업을 듣기 전에, 알파벳과 파닉스 정도를 아는 것이 영어 발음이나 영어 자신감 측면에 큰 도움을 주기 때문입니다. 학원을 다니면서 시작하는 방법도 있겠지만, 집에서 엄마표 영어로 시작해도 되고, 간단히 영어 동요를 자주 들려주거나 알파벳이 적힌 판을 보여주며 영어 노출 시간을 늘려주는 것만으로도 충분합니다. 3학년이 되면 첫 단원에서 파닉스가 아니라 바로 'Hello', 'Sorry', 'bag', 'pen', 'hat'과 같은 단어들을 배웁니다. 영어를 학교에서 처음 접하게 되는 아이는 이런 단어학습과 더불어 알파벳과 파닉스까지 모두 익혀야 하는데 여기서 어려움을 겪을 가능성이 큽니다. 영어 공부를 오래 계속하려면 영어에 대한 흥미를 잃지 않는 게 중요한데, 제대로 시작하기도 전에 좌절감을 느끼게 되는 것이지요.

따라서 이 시기 영어 학습의 목표를 '알파벳 익히기와 가벼운 파닉스 훑기'로 잡고 차근차근 공부하는 것을 추천합니다. 파닉스를 어려운 학문처럼 느끼는 부모가 많지만, 파닉스는 영어 단어를 읽을 수 있도록 하는 간단한 공식이라고 생각하면 됩니다. 파닉스로 읽을 수 있는 단어는 전체 영어 단어의 70퍼센트 정도이지만 아이가 '나도 영어 단어를 읽을 수 있다'라는 것을 아는 순간 영어를 훨씬 재밌다고 느끼게 되지요.

누구나 따라할 수 있는 파닉스 지도법

① 알파벳 익히기

첫 번째 단계는 알파벳을 익히는 것입니다. 우리가 잘 알고 있는 'Alphabet song'(a, b, c, d, e, f, g, …)을 자주 들려주며 익숙해지도록 합니다. 노래 형식이라서 아이들이 금방 따라 하기도 하지요. 알파벳의 순서를 익히고 나면 알파벳 대문자와 소문자의 형태를 읽고 쓰는 연습을 시작합니다. 칸이 큰 영어 공책을 사용해 알파벳의 이름과 대문자 소문자를 잘 쓸 수 있도록 하는 것입니다.

② 소리 익히기

알파벳의 순서를 익혔다면 이제 각각의 소리를 익힙니다. A는 [애], B는 [ㅂ], C는 [ㅋ]처럼 처음에는 알파벳 하나의 음가를 익힌 후, Ant, Bag, Cat과 같이 간단한 단어를 듣고 따라 하도록 합니다. 중요한 것은 파닉스 단어를 자주 듣고 반복하는 것입니다. 처음에는 생소한 단어들이라도 계속 듣고 읽기를 반복하면 그 자체로 머릿속에 각인되지요. 이때 아이들이 어휘 학습도 함께 할 수 있도록 그림과 함께 단어를 제시하면 그 효과는 배가 됩니다. 이후 'bl', 'cl'나 'ee', 'ow' 등과 같은 이중자음과 이중모음까지 차례로 학습하면 파닉스의 50퍼센트가 완성됩니다. 이 시기에는 파닉스 규칙이 적용되는 단어들을 노출해 스스로 읽어보는 연습을 하는 것을 추천합니다. 규칙이 적용되는 단어들을 읽으며 파닉스와 영어 공부에 대한 흥미와 자신감을 키울 수 있기 때문입니다.

처음에는 각 알파벳의 소리를 합쳐 읽는 것을 어려워할 수 있습니다. 그럴 때는 단어를 알파벳 하나씩으로 쪼개어 읽고 다시 합쳐서 읽는 연습을 하면 됩니다. 예를 들어 'sit'을 읽기 힘들어할 경우, 알파벳 단위로 나눠 's'는 'ㅅ', i는 '이', 't'는 'ㅌ'의 소리를 각각 읽고 합쳐보는 것이지요.

(Tip! 이 단계에서 알파벳을 잘 익혔는지 받아쓰기를 할 수도 있습니다. 세상에 없는 단어라도 괜찮습니다. 알파벳과 소리를 잘 연결할 수 있는지를 확인하는 것이기 때문입니다. 예를 들어 'don'이라는 단어를 읽어주고 소리 나는 대로 글자를 쓰도록 하면 아이 스스로 알파벳과 소리를 매치시켜 적어볼 수 있습니다.)

③ 사이트 워드 읽기

사이트 워드(Sight word)란 문장 속 자주 등장하는 어휘들을 이야기합니다. 'the', 'she', 'to', 'of'와 같은 단어들이지요. 문장의 상당 부분을 차지하고 있는 이런 단어들은 아이가 보자마자 바로 읽는 연습을 해야 합니다. 이는 미국의 에드워드 윌리엄 돌치(Edward William Dolch) 박사가 어린이 도서를 분석해 가장 빈도수가 높은 220개의 단어를 모아 학습할 수 있도록 만들어두었습니다. 시중에도 사이트 워드와 관련된 책이 많으므로 교재를 골라 함께 학습할 수 있습니다. 이 단어들을 카메라 렌즈에 잔상이 찍히듯, 보는 즉시 0.1초 이내에 반사적으로 읽을 수 있도록 자주 반복하는 것이 좋습니다. 사실 이런 단어들은 평소에 영어 노출을 지속해서 해왔다면 동화나 애니메이션 등에서 많이 접했던 단어라서 보통의 아이들은 쉽고 재미있게 연습합니다. 특히 사이트 워드를 읽어주고 빨리 골라내기, 사이트 워드 빙고 게임 등을 통해서 학습하면 더욱 즐겁게 학습할 수 있을 것입니다.

④ 문장, 글 수준 읽기

파닉스의 규칙을 알았다면 이제 배운 규칙을 활용해 문장을 읽거나 파닉스 챈트를 부르며 반복합니다. 3단계까지 파닉스를 잘 익힌 아이들은 문장 읽기를 수월하게 해냅니다. 만약 이 단계에서도 'fat'과 'hat'의 차이를 알지 못하거나 'rat'과 'cat' 읽기를 어려워한다면 글 수준 읽기를 과감하게 멈추고 다시 2단계, 소리 익히기 연습을 하는 것을 추천합니다. 영어 학습 진도가 느려지는 것을 걱정하기 쉽지만, 파닉스 2단계의 기초가 탄탄해야 더 멀리 나갈 수 있다는 사실을 기억해야 합니다.

파닉스를 꼭 3학년이 되기 전에 모두 완성할 필요는 없습니다. 아이에 따라서 몇 주 만에 익힐 수도 있고, 석 달보다 더 오래 걸릴 수도 있지요. 대신 계속 반복하면서 꾸준히 영어 노출을 늘리는 것이 중요합니다. 아이가 영어를 부담스럽게 느끼지 않고, 편하게 듣고 즐겁게 읽도록 그 바탕을 만들어 주는 것이지요. 알파벳과 기초 파닉스의 기본이 잘 다져져 있는 아이는 분명 앞으로도 점점 어려워지는 영어를 스스로 잘 헤쳐나갈 수 있을 것입니다.

급식시간이다!
3가지 미션을 완수하라

06

1학년이 되어 급식실에 가면 이전의 급식시간과는 참 다른 풍경이 펼쳐집니다. 앉아서 배식을 받고 선생님이 학생 한 명 한 명의 식사를 도와줄 수 있던 유치원 때와는 달리, 학교에서는 모든 것을 '혼자' 해결해야 하지요. 한 줄로 서서 식판과 수저를 챙기고, 배식을 받고, 자리를 찾아가 앉고, 식사 후 식판을 정리하는 것까지. 아이들도 선생님도 급식 시간에 해야 할 일이 참 많습니다.

첫 번째 미션! 식판과 수저 챙기고 배식받기

유치원 때와는 달리 개인 수저나 식판이 없습니다. 코로나 상황 때는 개인 수저를 가져오는 것을 허용하기도 했으나 보통은 학교에서 나눠주는 같은 식판, 수저를 사용합니다. 손이 작은 저학년 아이들은 숟가락과 젓가락, 식판을 두 손에 드는 걸 무거워하고 힘들어하는 경우가 많으므로 미리 집에서 연습을 해보면 좋습니다. 한 손에 숟가락, 젓가락을 들고 양손으로 식판을 잡는 연습을 하는 것입니다. 앞으로 이동하며 배식을 받는 연습도 함께하면 좋습니다. 이때 밥과 반찬을 받으면 식판이 무거워져 아이들이 들기 힘들어지기 때문에 익숙해질 때까지 반복하는 것이 좋습니다.

두 번째 미션! 천천히 자리에 가서 앉기

학기 초 많은 급식실 사고가 바로 이 단계에서 발생합니다. 배식받고 나면 배식대에서 정해진 자리까지 이동해야 하는데, 뜨거운 국물과 무거워진 식판이 익숙하지 않은 아이는 바짝 긴장하게 됩니다. 선생님과 우리 반 아이들을 따라가 자리로 가야 한다는 생각에 마음이 급해지면서 바닥에 음식을 흘리거나 식판을 놓치거나 넘어지는 등의 사고가 발생하게 되지요.

이것도 마찬가지로 가정에서 연습하는 것이 도움이 됩니다. 뜨거운 국물을 흘리면 화상을 입을 수도 있다는 사실을 알려주며 부모와 함께 천천히 연습해보는 것이 좋습니다.

세 번째 미션! 식사 예절 지키며 밥 먹기

자리까지 무사히 왔다면 맛있게 밥을 먹으면 됩니다. 밥을 먹으며 지켜야 하는 식사 예절은 아이들이 모두 아는 것들입니다. 옆 친구와 이야기하지 않고 밥에만 집중해 먹는 것이지요. 그런데 집에서 스마트폰 영상이나 TV 등을 보면서 밥을 먹던 아이들은 급식 먹는 것에 집중하기를 어려워하는 경우가 종종 있습니다. 학교에서는 정해진 시간 내에 밥을 먹고 급식 차를 정리하거나 급식실을 나가야 합니다. 따라서 입학 한 달 전부터는 20~30분 내로 영상이나 책 등을 보지 않고 밥에만 집중하여 먹는 연습을 하는 것이 필요합니다.

편식하지 않고 잘 먹는 것 또한 중요합니다. 아이들은 맛보지 않은 음식에 대해 거부감을 가지는 경우가 많습니다. 낯선 음식이라도 조금씩 먹을 수 있도록 부모가 먼저 음식에 들어있는 다양한 영양소를 설명해주는 것이 좋습니다. 음식에 들어간 재료의 이름을 알려주고, 먹으면 영양분을 골고루 섭취할 수 있다는 것을 깨닫도록 하는 것이지요.

저학년 아이들이 급식을 받고 당황하게 되는 것들이 있습니다. 껍질을 까서 먹어야 하는 과일, 뚜껑을 따기 어려운 음료수 등이지요. 교사가 많은 부분을 도와주긴 하지만 이 부분도 집에서 스스로 하는 연습을 하면 좋습니다. 반으로 잘라 나오는 키위, 껍질째 나오는 오렌지, 플라스틱 뚜껑을 돌려서 열어야 하는 팩 음료 등을 부모와 함께 먹어보며 익숙해지도록 반복하는 것을 추천합니다.

 **Tip 2**

매월 식단표에 있는 '식품 알레르기 정보'를 꼭 확인하세요. 아이에게 알레르기가 있는 재료나 음식이 있다면 담임선생님께 미리 말씀드리는 것이 좋습니다. 보통 식단에 번호로 표시되어 있으므로 식단표와 비교해가며 확인하면 됩니다. 아이에게도 알레르기 사실을 꼭 일러주어 알레르기로 인한 사고가 생기지 않도록 하는 것이 중요합니다.

<식품 알레르기 정보 예시>

1 현미밥 바지락된장국(5.6.18.) 닭날개마늘구이(5.6.12.13.15.18.) 고구마순나물(5.6.) 김치(9.) 요플레(2.) 우유(2.)	◆ 식품 알레르기 정보 1. 난류 2. 우유 3. 메밀 4. 땅콩 5. 대두 6. 밀 7. 고등어 8. 게 9. 새우 10. 돼지고기 11. 복숭아 12. 토마토 13. 아황산류 14. 호두 15. 닭고기 16. 쇠고기 17. 오징어 18. 조개류(굴, 전복, 홍합 포함) 19. 잣

자기관리의 시작, 꼼꼼하게 챙기자

07

학교에서 아이의 '자기관리'는 자신의 몸을 정돈하는 것, 필요한 준비물을 잘 챙기는 것, 책상과 사물함 등을 깔끔하게 정리하는 것 등을 의미합니다. 이런 자기관리가 잘 되어 있는 아이들은 학교 적응이 빠를 뿐만 아니라 다른 친구들과 선생님의 신뢰를 얻기 쉽지요. 특히 주변을 정리정돈하는 습관은 수업 집중력과 수업 태도에 긍정적인 영향을 줍니다. 가정에서 함께 연습하면 좋을 자기관리 방법을 소개합니다.

돌발상황에 대비하는 기본적인 생활 습관

저학년 아이들의 교실에서는 다양한 돌발상황이 일어납니다. 아이들이

물이나 우유를 쏟아 옷을 갈아입어야 하는 상황이 생기도 하고, 화장실 뒤처리를 못 해 교사에게 도움을 요청하는 때도 있지요. 이외에도 신발 갈아신기, 우산 펴고 접기 등 사소한 것들을 못 해서 어려움을 겪는 상황이 생깁니다. 물론 부모나 교사가 도와줄 수 있지만, 이 시기부터 스스로 하는 연습을 해보는 것이 중요합니다. 이런 기본 생활 습관 하나, 하나가 아이의 책임감과 자립심을 길러주는 데 큰 역할을 하기 때문입니다. 따라서 부모의 도움 없이 스스로 옷을 갈아입는 연습, 일어서서 신발을 갈아신는 연습, 화장실 이용 후 깔끔하게 뒤처리하고 나오는 연습, 우산을 펴고 접는 연습 등을 여러 번 반복하면서 몸에 익혀야 합니다.

알림장은 하교 후 바로 확인하자

보통 아이가 학교에서 돌아오면 바로 학원에 가거나, 친구들과 놀러 가기 바쁩니다. 하지만 하교한 '즉시' 알림장을 확인하는 것을 추천합니다. 알림장에는 내일까지 해야 하는 숙제나 가져와야 하는 준비물 등이 쓰여 있습니다. 만약 이를 아이의 오후 일정이 모두 끝난 저녁 늦게 확인하게 된다면 이미 시간이 늦어버려서 사야 하는 준비물을 사기 어려워질 수도 있고, 못다 한 숙제를 하느라 아이의 수면시간을 방해하게 되기도 합니다. 실제로 준비물을 챙겨오지 않은 아이들이 하는 이야기를 들어보면 "알림장을 늦게 봤어요.", "문방구가 닫아서 못 갔어요." 하는 말을 자주 합니다. 이런 상황이 오지 않도록 '집에 오면 손 씻고 알림장부터 펴기'라는 루틴을 만드는 것이 좋습니다. 집에 오자마자 알림장을 보고 스스로 필요한 준비물을 챙기는 연습을 하는 것이지요. 수학 익힘책을 푸는 숙제가 있다면 하교 후 바로 확인하고 아이의 오후 계획을 세우는 데 참고할 수도 있습니다. 처음에는 익숙하지 않아 어색해하지만, 2주만 반복해도 아이의 습관으로 자리 잡게 할 수 있습니다.

정리 정돈도 연습이 필요하다

아이가 학교에서 정리해야 할 공간은 자신의 책상 속, 사물함, 자리 주변입니다. 신기하게도 아이의 책상 서랍이나 자리 주변만 봐도 아이의 학교생활을 어느 정도 예측해볼 수 있습니다. 물론 100퍼센트 일치하는 것은 아니지만 수업에 잘 집중하지 못하고 산만한 아이들의 책상에는 낙서가 많거나 여러 물건이 널브러져 있는 경우가 많습니다. 수업 태도가 좋은 아이들은 책상 위가 깨끗하고 책상 서랍도 잘 정리된 양상을 보이지요.

흔히 정리를 잘하고 못하는 것은 성격의 차이라고 생각하기 쉽지만, 정리정돈도 부모가 가르치고 옆에서 함께하다 보면 충분히 바뀔 수 있는 습관입니다.

학교에서 정리를 잘하기 위해서는 집에서부터 자신의 공간을 정돈하는 연습을 해야 합니다. 8세라면 충분히 자신의 침대나 책상 정도는 청소할 수 있습니다. 먼저 부모가 간단하게 깨끗하게 정리하는 방법을 시범 보인 후 아이가 스스로 해보도록 격려하는 것이 좋습니다. 이때, 부모의 눈에는 아이의 청소 상태가 썩 마음에 들지 않더라도 충분히 칭찬해주고 응원해주는 것이 필요합니다. 아이가 정리 정돈에 대한 성공 경험을 쌓으면서 자신만의 방식에 따라 점차 깔끔하게 정리하는 법을 터득할 것입니다.

정리가 잘 된 책상과 그렇지 않은 책상

08 학교에는 어떤 행사가 있나요?

　학교에서는 3월 2일 입학식을 시작으로 다양한 행사가 개최됩니다. 각 시기마다 아이들에게 꼭 필요하다고 판단되거나 학부모와 함께 공유하고 싶은 일들이 학교 행사로 계획됩니다.

　학교에서 열리는 행사는 대부분 비슷하지만, 학교마다 차이가 있습니다. 학교의 주변 환경이나 여건에 따라 그 학교만이 가지고 있는 특색과 관련한 행사가 열리기도 합니다. 학교 행사는 해마다 그 시기와 내용이 반복되므로 이에 대해 미리 이해하고 있다면 사전에 행사를 준비하거나 가족의 일정을 계획하는 데 도움이 될 것입니다.

　다음 표는 필자가 근무했던 학교를 기준으로 만든 월별 행사 예시입니다. 1년 동안 학교 행사가 어떠한 흐름으로 운영되고 있는지 살펴봅시다.

월별 학교 행사

월	행사	비고
3~4월	입학식 시업식	1학년 입학식 2~6학년 시업식
	학부모 총회 학부모 공개수업	같은 날 실시되는 경우 많음.
	1학기 학부모 상담	방문 상담 또는 전화 상담
5월	소체육대회	소규모 행사
9월	2학기 학부모 상담	
10월	대운동회 학예 발표회	격년제 운영 가능
11월	방과후학교 발표회 방과후학교 전시회	방과후학교 수강 학생 대상
2월	졸업식 종업식	6학년 졸업식 1~5학년 종업식
기타	현장체험학습 수련회 수학여행	운영 시기에 변동이 많음

　　3월 첫날은 입학식과 시업식이 열리는 날입니다. 2~6학년 학생들은 시업식을 통해 새로운 학년을 시작합니다. 시업식은 일반적으로 교내 방송을 통해 진행되고 1교시 정도의 시간이 배정됩니다. 방송이 종료되면 아이들은 새로운 친구들, 담임 선생님과 본격적으로 인사를 나눕니다.

　　한편, 강당에서는 학교에 첫발을 내딛게 되는 1학년 학생들을 환영하기 위해 입학식이 열립니다. 입학식에는 1학년 아이들과 함께 많은 부모님들이 참여합니다.

입학식과 시업식을 통해 새로운 학년이 시작되고 한 달 정도의 시간이 지나면 학부모 총회와 학부모 공개수업이 진행됩니다. 학부모 총회는 학교와 학급에 대한 설명을 듣는 시간이고 학부모 공개수업은 교사가 학부모를 대상으로 수업을 공개하는 행사입니다. 학교 수업에 참여하는 아이의 모습을 직접적으로 볼 수 있는 유일한 기회이므로 가능하다면 참석하는 것이 좋습니다.

학부모 공개수업이 끝나고 일주일 정도의 시간이 흐르면 1학기 학부모 상담이 시작됩니다. 학부모 1명에게 주어지는 상담 시간은 약 20분 정도입니다. 길지 않은 시간이기에 담임 교사에게 질문할 내용을 미리 생각해두면 시간을 효율적으로 활용할 수 있습니다. 기본적으로 방문 형태의 상담이 이루어지며 학교에 방문하기 어려운 상황이라면 전화 상담을 요청할 수 있습니다.

5월 어린이날 주간이 되면 어린이날 기념 소체육대회를 실시합니다. 소체육대회는 대운동회와는 다르게 학년 단위를 중심으로 이루어지며, 비교적 기본적인 체육 활동으로 진행됩니다. 대운동회만큼 큰 축제는 아니지만 아이들이 좋아하는 행사 중 하나입니다.

6월에는 특별하게 외부 손님을 초대하거나 규모가 큰 행사는 실시하지 않고 각 학급의 교육 활동에 집중합니다. 그렇게 7월이 되면 1학기를 마무리하며 여름방학이 시작됩니다.

여름방학이 끝나고 2학기가 본격적으로 시작되는 9월에는 2학기 학부모 상담이 실시됩니다. 1학기에 진행된 학부모 상담에서는 담임 교사에게 아이에 대한 구체적인 이야기를 기대하기 어려웠습니다. 오히려 부모님이 교사에게 아이에 대한 정보를 공유하는 시간이었을 것입니다. 하지만 2학기 학부모 상담에서는 그동안 교사가 아이와 생활하며 면밀하게 관찰한 내용에 대해 들을 수 있습니다. 아이에 대한 교사의 분석 및 평가 내용을 공유하는 시간이기 때문에 교육적으로 매우 중요한 행사입니다.

하늘이 높고 푸르러지는 10월에는 대운동회 또는 학예 발표회가 열립니다. 두 행사는 모두 철저한 준비가 필요한 대규모 행사입니다. 따라서 대운동회와 학예 발표회를 동시에 실시하는 학교는 많지 않습니다. 운동회나 학예 발표회 중 하나의 행사만 실시하는 경우도 있고 해를 번갈아 가며 격년제로 실시하는 경우도 있습니다. 대운동회가 학부모와 학생이 함께 참여하여 즐기는 체육 행사라면 학예 발표회는 아이가 그동안 갈고 닦은 재능을 선보이는 문화예술 행사라고 할 수 있습니다.

11월에는 방과후학교 발표회 및 전시회가 실시됩니다. 이것은 방과후학교 수업을 수강한 학생들이 주체가 되는 행사입니다. 방과후학교 수업 시간에 배웠던 특기와 적성을 살려 발표회에 참여하거나 자신의 작품을 제작하여 전시회에 참여합니다. 부모님에게는 아이가 방과후학교 수업에서 어떠한 성과를 거두고 있는지 확인할 수 있는 기회가 됩니다.

12월이 되면 학사 일정이 거의 마무리되고 학급의 교육과정도 막바지에 이릅니다. 아이들은 그동안 학습했던 것들을 정리하며 겨울방학을 맞이합니다. 겨울방학이 끝나면 졸업식과 종업식이 아이들을 기다리고 있습니다. 종업식은 아이들의 1년 농사를 마무리하고 선생님, 친구들과 작별 인사를 나누는 시간입니다. 졸업식은 6학년 아이들에게 초등학교 졸업장을 수여하는 행사입니다. 6학년 학생들이 초등학교 교육과정을 모두 수료했음을 알리며 학생들에게 졸업장을 수여합니다. 아이들은 지난 6년간의 추억을 떠올리며 즐거웠던 초등학교 생활을 마무리합니다. 졸업식과 종업식이 열리는 시기는 지역 또는 학교마다 편차가 있습니다. 각 학교별로 학사 일정을 마무리하는 시기가 다르기 때문입니다. 전통적인 방식으로 2월 중순에 학사 일정을 마무리하는 학교도 있지만 최근에는 그 시기를 1월 초로 앞당기는 학교가 많아지고 있습니다.

체험학습, 수련회, 수학여행 등은 아이들이 가장 기대하는 행사 중 하나입니다. 이것들은 관련 학습 내용이나 장소 예약 문제에 따라 실시 시기가 매우 다양합니다. 체험학습의 경우 일반적으로 학기당 1회 실시됩니다. 학생들이 교실 안에서 체험하기 힘든 내용을 선정하여 학년별 수준에 맞는 체험학습 장소를 찾아 갑니다. 수련회와 수학여행의 경우는 운영되는 모습이 다양합니다. 학교에 따라 수련회를 실시하는 학년과 수학여행을 실시하는 학년이 다릅니다. 1박 2일, 2박 3일 등 수련회와 수학여행의 실시 기간에도 차이를 보입니다.

분야별 교내 대회에 도전해보세요

학교에서는 분야별 다양한 대회가 실시됩니다. 최근에는 대회라는 이름의 행사들이 축소되는 추세이지만 학교의 운영 방침에 따라 다양한 대회가 진행되기도 합니다. 교내에서 실시되는 대회에는 과학탐구대회, 발명품 경진대회, 교내 육상대회, 독서논술토론대회, 수학탐구대회, 영어듣기대회

등이 있습니다. 이러한 대회는 모든 학생을 대상으로 하기보다는 희망자를 중심으로 진행됩니다. 아이의 진로와 관련하여 아이가 흥미를 가지고 있는 분야가 있다면 교내 대회에 참가하게 하는 것이 좋습니다. 해당 분야에 대해 탐구하고 깊게 고민해 보는 경험을 함으로써 아이가 진로를 탐색하는 데 도움이 됩니다. 아이가 교내 대회에서 우수한 성적을 거둔다면 수상 경력을 쌓을 수 있습니다. 이는 아이의 자존감을 향상시키고 해당 분야에 대해 적극적으로 학습하고자 하는 동기를 유발합니다.

방과후 아이 관리 꿀팁
(돌봄교실, 방과후학교, 방과후연계형돌봄교실)

맞벌이 부모라면 돌봄교실이 해답

초등학교 1학년 학생의 부모님은 작년과 달라진 자녀의 하교 시간에 적잖이 당황스러울 것입니다. 유아교육기관(유치원 또는 어린이집)의 하원 시간에 비해 초등학교의 하교 시간이 오히려 이르기 때문입니다. 특히 맞벌이를 하는 부모님에게 이러한 점은 퍽 난감한 문제로 다가올 수 있습니다. 초등학교 1학년 학생의 하교 시간은 언제일까요? 하교 시간의 이해를 돕기 위해 학교의 시정표 예시를 살펴보겠습니다.

교시	시간
1교시	09:00~09:40
2교시	09:50~10:30
3교시	10:40~11:20
4교시	11:30~12:10
점심시간	12:10~13:00
5교시	13:00~13:40
하교 시간	월, 수　　　13시　　하교 화, 목, 금　　13시 40분 하교

　위의 표에 따르면 자녀가 하교하는 시간은 오후 1시 또는 1시 40분입니다. 유아교육기관은 부모님들의 여건에 따라 개별 아이의 하원 시간을 유연하게 운영하였습니다. 반면, 초등학교는 하교 시간을 모든 학생에게 똑같이 적용합니다. 자녀를 늦은 시간까지 유치원이나 어린이집에 맡겼던 부모님의 입장에서는 이러한 부분이 아이를 교육함에 있어 어려운 점으로 작용합니다. 유아교육기관처럼 초등학교가 아이의 오후 시간을 조금 더 책임져 줄 수는 없을까요?

　현재 초등학교에는 초등돌봄교실(이하 '돌봄교실')이라는 제도가 운영되고 있습니다. 돌봄교실이란 별도 시설(전용 또는 겸용)이 갖추어진 공간에서 돌봄이 필요한 학생들을 대상으로 정규수업 이외에 이루어지는 돌봄활동을 말합니다. 일반 교실에서 이루어지는 정규 교육 시간과는 다르게 '교육'보다는 '돌봄'에 초점을 맞춥니다. 돌봄교실은 아침돌봄, 오후돌봄, 저녁돌봄으로 나뉘어 다음과 같이 운영되고 있습니다.

오후돌봄은 아이의 하교 시간부터 약 오후 5시까지 이루어지는 돌봄활동입니다. 오후돌봄에 입급한 아이는 돌봄 전담사와 함께 간단한 학습 활동을 하거나 독서 등을 하면서 시간을 보냅니다. 돌봄교실의 장점 중 하나는 전용 특기적성 프로그램을 운영한다는 것입니다. 종이접기, 놀이체육, 캘리그라피 등과 같은 주제로 특기적성 프로그램 강사가 돌봄교실을 방문하여 아이들에게 교육 활동을 실시합니다. 돌봄교실에서 시간을 보내는 아이들은 개별적인 일정에 맞춰 하교할 수 있습니다. 보호자가 돌봄교실에 방문하여 아이와 함께 하교하는 방식으로 운영되며, 인근 학원 강사가 학교를 방문하여 아이를 데려가는 경우도 있습니다.

아침돌봄과 저녁돌봄은 특별한 수요에 의해 이루어집니다. 대부분의 아이들은 수업 시작 30분 전부터 등교하기 시작합니다. 그러나 피치 못할 사정으로 더 이른 시간에 등교해야 하는 아이들이 있습니다. 이러한 아이들을 위해 아침돌봄이 운영되고 있습니다. 마찬가지로 오후 5시 이후에도 부모님이 아이를 데리러 올 여력이 되지 않는다면 저녁돌봄을 이용할 수 있습니다. 아침돌봄과 저녁돌봄은 오후돌봄과 달리 특기적성 프로그램이나 간식 등이 제공되지 않고 아이가 자율적으로 시간을 보내는 방식으로 이루어집니다. 아침돌봄과 저녁돌봄의 운영 시간은 학교의 상황에 따라 차이가 있을 수 있습니다.

돌봄교실은 3월 2일부터 운영되기 때문에 돌봄교실 입급에 대한 절차는 자녀의 입학 전에 마무리됩니다. 돌봄교실 입급 신청서는 주로 신입생 예비소집일에 배부되므로 돌봄교실을 이용하고자 한다면 해당 안내문을 반드시 확인하고 기한 내에 접수하시기를 바랍니다.

방과후학교 수업과 방과후학교 연계형 돌봄교실

우리 아이가 돌봄교실에 입급 대상으로 선정되는 것은 생각보다 쉬운 일이 아닐 수 있습니다. 과거에 비해 늘어난 맞벌이 부모의 수만큼 돌봄교실에 대한 수요도 함께 증가하기 때문입니다. 학교의 돌봄교실에서 수용할 수 있는 인원보다 돌봄교실을 희망하는 학생의 수가 많다면 우선순위에 따라 입급 대상을 선정하게 됩니다. 국민기초생활수급자, 한부모가족보호대상자, 법정차상위대상자 등의 자격을 갖춘 학생이 우선 선발되므로 우리 아이가 돌봄교실 입급 대상으로 선발되지 않았을 경우를 준비해야 합니다.

자녀가 돌봄교실에 입급할 수 없게 되었다면 학교에서 진행하는 방과후학교 수업에 참여하는 것을 고려해 볼 수 있습니다. 돌봄교실에 선발되지 못한 학생의 부모님들은 아이의 일정 관리를 위해 다양한 학원을 찾기 시작합니다. 요일별로 보내야 할 학원을 탐색하고 아이의 일정에 빈틈이 생기지 않도록 학원을 결정합니다. 이러한 과정에서 방과후학교 수업은 하나의 선택지가 되기에 충분한 매력을 가지고 있습니다.

방과후학교는 영어, 컴퓨터, 교과 관련, 특기적성 관련 등 다양한 분야의 수업으로 구성되어 있습니다. 여러 가지 수업이 요일별로 배치되어 있고 원하는 시간대의 수업만을 골라 수강할 수 있습니다. 또한 아이가 학교 밖으로 나가지 않고 학교 내에서 머무르기 때문에 안전에 대한 걱정을 덜 수 있습니다. 일반 학원에 비해 가격이 저렴하다는 것도 매력적인 요소입니다.

방과후학교 수업을 수강하는 것의 가장 큰 장점은 방과후학교 연계형 돌봄교실(이하 '연계형 돌봄교실')을 이용할 수 있다는 것입니다. 연계형 돌봄교실이란 방과후 돌봄이 필요한 맞벌이·저소득층·한부모 가정 등의 학생 중 방과후학교 프로그램에 참여하면서, 오후돌봄교실을 이용하지 않는 학생 등을 대상으로 별도의 공간에서 이루어지는 돌봄활동을 말합니다. 방과후학교 수업을 수강하는 학생들은 정규수업과 방과후학교 수업 사이, 방과후학교 수업과 방과후학교 수업 사이의 공백 시간에 연계형 돌봄교실에서 안전하게 머무를 수 있습니다.

교실을 엿볼 수 있는 기회, 총회와 공개수업

10

부모님들은 우리 아이가 생활하고 있는 교실 모습에 대해 많은 궁금증을 가지고 있을 것입니다. 아이의 책상과 의자, 사물함, 신발장 등 교실의 물리적 환경뿐만 아니라 아이의 학습 태도나 학급의 분위기 등에 대해서도 호기심을 가지지 않을 수 없습니다. 그런데 부모님이 학교에 공식적으로 방문할 수 있는 기회는 생각보다 많지 않습니다. 입학식, 학부모 총회와 공개수업, 운동회나 학예 발표회 정도가 학부모를 대상으로 열리는 학교 행사입니다. 그중에서 학부모 총회와 공개수업은 아이의 교실 생활 모습에 대하여 부모님의 궁금증을 풀어줄 수 있는 유익한 시간입니다.

학부모 총회에 대한 인식 변화 필요

학부모 공개수업과 학부모 총회를 연달아 진행하는 학교에서 근무하다 보면 조금은 신기한 광경을 목격하게 됩니다. 공개수업이 실시되는 날이면 많은 부모님이 교실을 방문합니다. 교실 뒤편은 수업을 참관하기 위해 서 있는 부모님들로 북적입니다. 심지어 교실에 들어가지 못하고 복도 창문을 통해 수업을 참관하는 부모님도 있습니다. 그런데 공개수업이 끝나고 총회가 시작되면 학교에 남아 있는 부모님의 수가 현저하게 줄어듭니다. 마치 여러 가수가 참여하는 콘서트에서 아이돌 그룹의 공연이 끝나자 관객석이 갑자기 텅 비어 버린 모습처럼 느껴지기도 합니다.

흔히 부모님들은 학부모 총회를 꼭 참석하지 않아도 되는 것으로 여깁니다. 그러나 공개수업을 참관하며 우리 아이의 학습 태도를 확인하는 것이 '나무'를 보는 것이라면 학부모 총회에 참여하여 학교와 학급에 대해 이해하는 것은 '숲'을 보는 것과 같음을 알 필요가 있습니다. 나무와 숲을 동시에 고려할 때 자연의 균형이 맞듯이 아이의 개별적 특성을 이해함과 동시에 아이가 다니는 학교와 학급의 큰 그림을 파악하는 것이 필요합니다.

학부모 총회 구성

학부모 총회는 일반적으로 학교 학부모 단체 임원 선출, 학교 설명회, 학급 설명회로 나누어집니다. 학부모 단체 대표 선출 시간에는 각종 학부모 단체의 임원을 선출합니다. 학부모 단체 임원 후보 등록은 사전에 이루어집니다. 학교 교육에 적극적으로 참여하고 학교를 위해 봉사하기를 희망하는 부모님은 학부모 단체 임원 입후보에 관한 안내문을 확인하고 사전에 후보로 등록해야 합니다.

학교 설명회 시간에는 학교의 환경과 교육과정 전반에 대한 설명을 들을 수 있습니다. 학교장의 교육 철학과 교육 목표, 학교의 특색 사업 등은 학급 교육 활동에 많은 영향을 미칩니다. 학교 교육의 목표 아래 단위 학년과 학급의 교육과정이 수립되기 때문입니다. 또한 학교의 교육과정을 이해하는 것은 해당 학년의 교육 계획과 함께 아이가 6년 동안 받게 될 교육의 흐름에 대해 이해하는 것이기 때문에 매우 중요합니다.

학급 설명회 시간에는 담임 교사의 학급 운영 계획에 관한 이야기를 듣게 됩니다. 학급 운영에 대한 이야기는 크게 세 부분으로 나누어져 있습니다. 첫 번째는 교수학습 측면입니다. 담임 교사는 자신만의 교육관과 교육 목표를 가지고 있습니다. 이를 바탕으로 효과적인 교육 방법을 연구하고 아이의 성취도를 적절하게 평가할 수 있는 평가 방법을 활용합니다. 부모님이 교사의 교육관과 교육 방법 등에 대해 이해하는 것은 매우 중요합니다. 부모님이 교사의 교육 철학을 이해하고 아이에게 선생님에 대한 신뢰를 심어줄 때 아이는 선생님의 교육 방식에 온전히 몰입하여 학습할 수 있습니다.

두 번째는 생활 지도 측면입니다. 아이의 학교 생활에 있어 학습 지도 못지 않게 중요한 부분이 생활 지도입니다. 생활 지도는 아이들의 바른 인격 형성을 돕고 아이들이 타인과 어울릴 수 있도록 사회성을 형성하는 일입니다. 선생님의 생활 지도가 진정한 효과를 발휘하기 위해서는 생활 지도의 지속성이 필요합니다. 이것은 가정의 도움이 없다면 불가능한 일입니다. 아이는 하루 중 절반 이상을 가정에서 생활하기 때문입니다. 따라서 부모님이 교사의 생활 지도 방식을 이해하고 가정에서 일관된 교육이 이루어질 수 있도록 조력한다면 아이의 바른 인격 형성에 큰 도움이 될 것입니다.

학교와 가정의 교육이 효과적으로 연계될 때 아이에 대한 교육 효과는 극대화됩니다. 그러기 위해서 부모님은 학교와 학급의 교육에 대해 이해할 필요가 있습니다. 학부모 총회에 참석하는 것은 부모님이 이러한 것들을 이해하는 데 도움을 줍니다. 시간적 여유가 없는 부모님들은 학부모 공개수업에 이어 학부모 총회까지 참석하는 일이 어려울 수 있습니다. 하지만 시간이 허락한다면 총회에 꼭 참여하길 권장합니다. 자녀를 교육함에 있어 많은 것이 달라질 수 있습니다.

학부모 공개수업은 반드시 참석

가정의 환경은 아이의 성향이나 요구에 맞춰 변화시켜 줄 수 있습니다. 예를 들어 아이의 집중력이 향상되는 특별한 장소가 있다면 아이가 그곳에서 공부할 수 있게 도와줄 수 있습니다. 꼭 아이의 책상에서 공부하게 할 필요는 없습니다. 아이의 집중력에 따라 학습 시간을 조정해줄 수도 있습니다. 예를 들어 아이가 한번에 집중할 수 있는 시간이 짧다면 20분 단위로 학습을 진행해 나갈 수 있습니다. 반면 학교는 아이에게 개별적인 맞춤 환경을 제공하지 못합니다. 40분으로 고정된 수업 시간과 하루 일과는 계획대로 흘러갑니다. 자신이 앉고 싶은 자리에 앉거나 원하는 시간대를 골라 공부하는 것은 불가능합니다. 그렇기 때문에 학교 수업에 참여하는 아이의 모습은 부모님이 가정에서 보았던 것과 많은 차이를 보일 것입니다. 부모님은 아이가 자신의 욕구를 통제해야 하는 환경에서 잘 적응하고 있는지에 대해 필히 확인해보아야 합니다.

공개수업 중요 포인트 5가지

첫째, 학습에 대한 이해도를 살펴보아야 합니다. 수업의 첫 번째 목표는 아이가 해당 차시의 학습 목표에 도달하는 것입니다. 학습 목표 도달 여부를 확인하는 것으로 아이가 이번 수업에 얼마나 충실히 이해하고 참여했는지 가늠해볼 수 있습니다. 수업의 매 순간마다 아이의 학습 이해도를 확인할 수 있다면 좋겠지만 많은 학생이 함께 공부하는 교실에서 그것은 쉽지 않은 일입니다. 따라서 수업의 과정마다 아이가 어떻게 반응하는지 확인함과 동시에 수업의 정리 단계에서 실시하는 형성 평가 결과를 확인하는 것이 아이의 학습 이해도를 살피는 데 도움이 됩니다.

둘째, 자녀의 집중력을 살펴보아야 합니다. 수업 시간에 대한 학습 참여도와 집중력은 자녀의 학습 성패를 가르는 열쇠가 됩니다. 집중력은 습관처럼 길러주어야 합니다. 초등학교 저학년 시기에 집중하는 습관을 들인다면 향후 아이가 수업에 적극적으로 참여하고 자기주도적 공부 습관을 만드는 데 밑거름이 됩니다. 아이가 수업 시간 내내 선생님 또는 과제에 집중하는지 살펴보시기 바랍니다. 수업에 집중하기 어려워한다면 아이의 수업에 대한 집중력을 흐리는 요소가 무엇인지 찾아 보아야 합니다.

셋째, 자녀의 또래 관계에 대해 살펴보아야 합니다. 또래 관계는 아이의 학교생활에서 가장 중요한 요소 중 하나입니다. 수업을 참관하는 것만으로도 아이의 또래 관계에 대한 정보를 얻을 수 있습니다. 초등학교 수업에는 타인과 함께하는 활동이 다수 포함되기 때문입니다. 아이가 친구와 상호작용하며 과제를 수행할 때 어떠한 방식으로 친구와 소통하는지 관찰해 보세요. 협력적인 태도를 바탕으로 친구와 원활하게 소통하는지, 자신의 의사를 표현할 때 친구에게 부드럽게 말하고 행동하는지, 자녀와 갈등을 유발할 수 있는 성향의 친구가 있는지 등에 대하여 중점적으로 관찰하시기 바랍니다.

넷째, 교사와 아이의 관계를 살펴보아야 합니다. 교사와 아이가 친밀감을 느끼고 상호 신뢰할 수 있는 관계를 형성하고 있다면 이는 분명히 아이의 학업과 학교생활에 큰 도움이 됩니다. 교사와 아이가 얼만큼의 라포(상호신뢰관계)를 형성하고 있는지에 따라 학습의 질과 학교생활의 안정성이 달라집니다. 교사와 아이 사이에 상호 신뢰하는 관계가 형성되었다면 교사는 아이의 배움 상태에 대해 더욱 정확하게 파악할 수 있습니다. 또한 아이는 교사를 신뢰하며 적극적으로 도움을 요청할 수 있습니다. 신뢰할 수 있는 선생님과 학교생활을 함께한다는 사실은 아이가 정서적 안정감을 가지고 학교에 다닐 수 있게 하는 효과가 있습니다. 수업 중 교사와 아이가 주고받는 질문 또는 대화를 살펴보고 서로에 대한 반응도 세심히 관찰해보세요. 그들에게 이미 깊은 친밀감이 쌓여 있기를 바랍니다. 만약 그렇지 않다면 아이에게 선생님에 대한 긍정적인 이야기를 자주 해주세요. 아이는 곧 선생님을 신뢰하게 될 것이고 교사 또한 자신을 믿고 따르는 학생에게 친밀감을 느끼게 될 것입니다.

   다섯째, 아이의 주변 환경을 살펴보아야 합니다. 먼저 아이의 신발장과 사물함, 책상 서랍을 확인해보세요. 신발장이나 사물함, 책상 서랍의 정리 상태는 아이의 생활 습관을 나타냅니다. 신발장과 사물함, 책상 서랍을 관찰하면 아이가 바람직한 기본생활습관을 형성하고 있는지에 대해 가늠할 수 있습니다. 다음으로 학급의 분위기에 대해 살펴보시기 바랍니다. 아이의 성향과 학급의 분위기에 따라 아이가 학급에 적응하는 시간이 달라질 수 있습니다. 학급의 분위기가 아이의 성향과 비슷하다면 아이가 학급에 적응하는 시간이 단축될 것입니다. 학급의 분위기를 결정하는 것은 담임 선생님과 학급 친구들입니다. 담임 선생님과 친구들의 성격과 행동 방식을 관찰하고 아이에게 그 사람들을 어떻게 대하는 것이 현명한지에 대해 조언해줄 필요가 있습니다.

담임교사와 센스 있게 상담하기

아이들처럼 매일 만나 이야기를 나누지는 않지만, 교사와 학부모와의 관계는 아이들의 학교생활에서 빼놓을 수 없는 중요한 관계입니다. 학교마다 다르지만 보통 1학기, 2학기로 나눠 두 번의 학부모 상담주간이 존재합니다. 물론 상담주간이 아니어도 아이의 학교생활에 궁금한 점이 있다면 언제든 상담을 요청할 수 있습니다. 학교에서 정해주는 상담주간은 공식적으로 학부모와 교사가 아이에 관해 함께 이야기를 나눌 수 있는 시간이라고 생각하시면 됩니다. 이 시간을 통해 교사는 아이의 학교생활 모습을 전하고, 학부모는 교사가 알면 좋을 아이의 정보를 전하며 서로가 한 아이를 다방면으로 이해할 수 있습니다.

학부모 상담주간 1~2주 전에 가정통신문이나 학급 소통방을 통해 상담 시간, 방법을 묻는 안내가 옵니다. 담임선생님의 안내에 따라 원하는 방법과 시간을 제출하면 모든 학부모의 희망 시간을 조율 후 상담시간이 확정됩니다. 비슷한 시간대를 원하는 학부모가 많으면 1순위의 시간에 배정되지 않을 수 있으니 2~3순위까지 꼼꼼하게 작성하는 것이 좋습니다. 과거와 달리 요즘은 비대면 상담으로 15~20분 정도 진행되는 경우가 많기 때문에 오랜 시간을 요구하지는 않으니 편하게 작성하시면 됩니다.

1학기 상담

1학기 상담은 3월 말에서 4월 초에 이루어지는 경우가 많습니다. 하지만 이때는 교사와 아이가 지낸 시간이 한 달밖에 되지 않기 때문에 교사 입장에서는 아이에 대해 많은 것을 파악하기는 어렵습니다. 게다가 3월은 아이가 학교와 학급에 완벽히 적응한 것이 아니기 때문에 아이의 진짜 모습을 아직 알 수 없지요. 따라서 1학기 상담주간에는 학부모가 먼저 아이에 대한 정보들을 교사에게 알려주는 것이 좋습니다. 집에서는 어떻게 생활하고 있는지, 학교에 대해 어떻게 생각하는지, 학습 측면에서 어려운 점은 없는지, 건강과 관련해 주의해야 할 점은 없는지 등을 자유롭게 이야기하셔도 됩니다. '너무 사소한 이야기를 전하는 것일까?', '우리 아이를 너무 자랑하는 걸까?' 하고 고민하실 필요는 없습니다. 학부모의 많은 이야기는 선생님의 아이에 대한 전반적인 이해도를 높이며, 학부모는 필요한 부분에 대해 담임선생님에게 적절한 도움을 받을 수 있을 것입니다.

2학기 상담

2학기 상담은 학교마다 차이는 있지만, 개학 후 한 달 뒤 정도에 이루어지는 경우가 많습니다. 혹여나 1학기 상담을 신청하지 못했더라도 2학기 상담은 꼭 신청하기를 추천합니다. 2학기 상담은 한 학기 동안 아이를 지켜본 선생님의 말씀을 들을 수 있는 기회가 되기 때문이죠. 담임선생님이 먼저 아이의 친구 관계나 학습 태도, 기본 학교생활에 대해 이야기를 하면, 궁금한 점을 묻고 답하는 시간을 가지면 됩니다. 상담을 진행하다 보면 생각보다 놀라는 학부모님이 많습니다. 집에서는 발견하지 못한 아이의 모습을 교사에게 전해 듣기 때문인데요. 집에서 내성적이고 조용한 게 고민이라던 아이가 학교에서는 활발하고 발표도 잘하는 아이인 경우도 있고, 집에서 방 정돈이 잘 안 된다고 걱정이라던 아이가 깔끔하게 교실 청소까지 잘 하는 아이인 경우도 있습니다. 이렇게 아이의 모습은 가정에서, 또래 친구들 사이에서, 선생님 앞에서 모두 다르기 때문에 상담을 통해 아이를 다각도로 이해할 수 있게 됩니다.

학부모 상담 200퍼센트 활용하기

상담 전
우선 담임선생님과 한 상담 약속 시각을 꼭 지키는 것이 중요합니다. 상담 일정이 생각보다 빽빽하게 짜여있어 뒤 시간대의 다른 학부모님이 기다리게 될 수 있기 때문입니다. 또한, 15~20분 정도 되는 시간 내에 아이에 관해 궁금한 내용을 밀도 있게 묻고 답하기 위해서는 담임선생님께 물을 질문을 준비하는 것도 좋습니다. 크게 학습, 관계, 생활 측면으로 나눠 예시 질문들을 소개합니다.

학습 측면

"가정에서 더 지도해야 할 부분은 없을까요?"
"수업시간에 태도는 어떤가요?"
"발표는 자주 하는 편인가요?"
"집에서 문제집을 풀면 연산 실수가 잦은데, 학교에서는 어떤가요?"

관계 측면

"친구들과 갈등을 겪을 때가 있나요?"
"친구들끼리 있을 때 모습은 어떤가요?"
"모둠 활동을 할 때 참여를 잘하는 편인가요?"

생활 측면

"책상 서랍 정리나 사물함 정리가 잘 되어 있나요?"
"다음 시간 교과서 준비는 잘하는 편인가요?"
"급식을 잘 먹나요?"

상담 중

아이의 성향, 기질적 측면을 자유롭게 나누면 됩니다. 하지만 너무 부정적인 이야기만 늘어놓는 것은 금물! 되도록 아이의 장점이나 잘하는 것들을 중점으로 이야기한다면 교사도 1년 동안 아이의 좋은 점을 더 많이 볼 수 있을 것입니다.

상담 후

상담 후에는 선생님으로부터 들은 칭찬을 아이에게 꼭 전해주는 것이 좋습니다. 아이도 부모님과 선생님이 이야기를 나눈다는 사실을 알고 긴장하고 있을지도 모릅니다.

"선생님께서 ○○이 수업시간에 집중을 잘한다고 칭찬하시더라."

"자리 주변을 항상 깨끗하게 정돈한다고 칭찬하시더라."

이런 말을 전해 듣는다면 아이는 더욱 자신감을 가지고 학교생활을 할 수 있게 됩니다.

12 지각, 조퇴, 결석을 관리하는 법

초등학교의 연간 수업일수와 유급

법적으로 초등학교의 수업일수는 매 학년 190일 이상으로 산정되어야 합니다. 학교의 장이 재량을 발휘하여 10분의 1의 범위에서 수업일수를 줄일 수 있으나 이것은 흔하지 않은 경우입니다. 학생들은 해당 학년을 수료하기 위해서 수업일수의 3분의 2 이상을 출석해야 합니다. 예를 들어 수업일수가 190일인 학교가 있다면 학생들은 최소 127일을 출석해야 학년 수료가 가능합니다. 만약 어떤 아이의 결석 일수가 63일을 초과한다면 그 아이는 유급으로 처리됩니다. 이것은 또래 친구들이 상급 학년으로 진급할 때 그 아이는 해당 학년을 다시 수료해야 한다는 의미입니다. 이러한 경우에는 결석 일수가 63일을 초과하지 않도록 잠시라도 학교에 꼭 가야 합니다. 지각, 조퇴, 결과는 횟수에 관계없이 학년 수료에 영향을 주지 않기 때문에 유급을 면할 수 있습니다.

출결상황(결석, 지각, 조퇴, 결과)

아이의 출결과 관련해서 가장 기본적으로 알아야 할 것은 결석, 지각, 조퇴 및 결과의 뜻입니다. 각 단어의 의미를 알아보고 어떠한 경우에 각각의 출결상황이 적용되는지 알아보도록 하겠습니다.

결석은 학칙에 따라 출석하여야 할 날짜에 출석하지 않았을 경우를 말합니다. 아이가 결석을 하게 될 경우 결석 사유를 증빙할 수 있는 자료가 필요합니다.

지각은 학교장이 정한 등교시각까지 출석하지 않은 경우로, 학교장이 정한 등교시각 이후부터 하교시각 사이에 등교한다면 지각으로 처리됩니다.

조퇴는 학교장이 정한 하교시각 전에 하교하는 경우이며, 보통 담임 교사와 학부모의 소통이 이루어진 후에 조퇴가 이루어집니다.

결과는 수업 시간의 일부 또는 전부에 불참하거나 학교장이 정한 시각 이후에 수업에 참여한 경우 또는 교육활동을 고의적으로 방해한 경우 등을 말합니다.

출결상황 사유

'병결'이라는 단어를 들어보신 적 있나요? 우리는 흔히 '병결', "병결로 처리한다."라는 말을 사용합니다. 여기에서 '병결'이란 '질병결석'을 의미합니다. 이와 같이 출결상황(결석, 지각, 조퇴, 결과)은 사유와 함께 기재됩니다. 출결상황 기재 방식에 대한 이해를 돕기 위해 아래 표를 살펴보겠습니다.

분류	결석	결과	지각	조퇴
질병	A			
미인정			C	
기타		B		
출석인정				D

표를 살펴보면 출결상황의 사유는 질병, 미인정, 기타, 출석인정과 같이 4가지로 분류합니다. 표에 제시된 A~D의 상황을 살펴보며 출결상황에 대해 구체적으로 알아보도록 하겠습니다.

A는 '질병결석'입니다. 질병으로 인하여 아이가 학교에 출석하지 못했다는 것을 뜻합니다. 질병결석을 하였다면 결석한 날부터 5일 이내에 의사의 진단서 또는 의견서(의사 소견서, 진료 확인서 등으로 병명, 진료기간 등이 기록된 증빙서류)를 첨부한 결석계를 제출해야 합니다. 다만 상습적이지 않은 2일 이내의 결석은 결석계와 함께 질병으로 인한 결석임을 증명할 수 있는 자료를 첨부하여 처리할 수 있습니다. 꼭 의사 소견서, 진료 확인서가 아니

어도 비교적 간단한 학부모 의견서, 처방전, 담임교사 확인서 등으로 질병 결석 처리가 가능하다는 의미입니다.

B는 '기타결과'입니다. 기타의 사유로 수업 시간의 일부 또는 전부에 불참하였다는 것을 뜻합니다. 여기서 기타의 사유란 부모나 가족 봉양, 가사 조력, 간병 등 부득이한 개인사정에 의한 결석임을 학교장이 인정하거나 기타 합당한 사유에 해당한다고 학교장이 인정하는 경우입니다. 이외에 본인의 선거 운동, 의정 활동, 정당 활동에 의해 발생한 사유 또한 기타로 인정합니다. 학급을 운영하며 1년 동안의 모든 출결상황을 살펴보아도 기타 사유에 해당하는 경우는 발견하기 어렵습니다. 그만큼 기타로 인정되는 사유는 흔하게 발생하지 않는 일입니다.

C는 '미인정지각'입니다. 합당하지 않은 사유로 학교장이 정한 등교시각 안에 출석하지 않은 것을 뜻합니다. 미인정이라는 것은 선생님에게 사전에 알렸다는 사실과는 별개로 질병, 출석인정 또는 기타 합당한 사유에 해당하지 않는 경우라는 의미입니다. 예를 들어 아이가 개인적인 사정으로 지각하는 상황을 가정해보겠습니다. 이 상황에서는 부모님이 담임 교사에게 개인적인 사정에 대해 미리 통보를 했다고 하더라도 만약 그 사유가 질병, 출석인정 및 기타의 사유에 해당하지 않는다면 이것은 미인정지각으로 처리됩니다.

D는 '출석인정조퇴'입니다. 출석이 인정되는 사유로 학교장이 정한 하교시각 전에 하교하는 것을 말합니다. 출석인정으로 간주되는 사유의 종류는 꽤 많습니다. 그중에서 일반적인 학생들에게 흔히 적용될 수 있는 상황은 천재지변이나 법정 감염병 관련, 학교장의 허가를 받은 대회 및 훈련 참가

관련, 교외체험학습, 경조사 관련입니다. 특히 경조사는 누구에게나 발생할 수 있기 때문에 관련된 출석인정 일수를 알아두면 도움이 될 것입니다.

구분	대상	일수
결혼	형제, 자매, 부, 모	1
입양	학생 본인	20
사망	부모, 조부모, 외조부모	5
	부모의 조부모(증조부모, 외증조부모), 부모의 외조부모(진외증조부모, 외외증조부모) 형제·자매 및 그의 배우자	3
	부모의 형제·자매 및 그의 배우자	1

※경조사 일수에 재량휴업일과 공휴일 및 토요일은 산입하지 않음

출석하지 않아도 출석으로 인정받는 방법

최근에는 가정에서 아이들과 함께 교외로 체험학습을 떠나는 일이 많아졌습니다. 방학 기간에 체험학습을 실시한다면 아이의 출석에 영향을 주지 않겠지만 가정의 일정과 부모님의 휴가 등을 방학 기간으로 조정하는 것이 어려울 수 있습니다. 이럴 때 활용할 수 있는 것이 '교외체험학습'입니다. 교외체험학습이란 개인 계획에 의하여 학교장의 사전 허가를 받은 후 실시하는 체험학습, 직접적인 활동을 통해 교육적 효과를 얻을 수 있는 폭넓은 학습을 의미합니다. 예를 들어 농촌 체험학습, 친척 방문, 문화 유적지 탐방, 문학 기행, 자연 탐사, 직업체험 등이 여기에 해당합니다. 학칙이 정한

범위 내에서 학교장의 사전 허가를 받는다면 이와 관련한 출결은 모두 출석인정으로 처리됩니다.

교외체험학습은 무제한으로 허가받을 수 있을까요? 교외체험학습으로 인정할 수 있는 기간은 학칙으로 정해져 있습니다. 일반적으로 허용 일수는 전체 수업일수의 10퍼센트 이내이고 1회에 연속으로 사용 가능한 일수는 10일 이내입니다. 예를 들어 수업일수가 190일인 학교에서는 총 허용 일수가 19일이고 연속으로 실시할 경우 최대 10일까지 가능합니다. 참고로 연속 10일 안에 있는 토요일과 공휴일은 체험학습일로 산정하지 않습니다. 교외체험학습은 1일 단위로 운영하되 경우에 따라 반일 단위로 처리할 수 있습니다. 이러한 경우를 출석인정지각 또는 출석인정조퇴로 부릅니다.

교외체험학습의 실시 절차는 다음과 같습니다. 먼저 체험학습 신청서를 담임 교사에게 제출하여 학교장 허가를 받습니다. 체험학습을 실시하고 체험학습 보고서를 제출합니다. 학교는 체험학습 보고서를 확인하고 아이의 출석을 '출석인정'으로 처리합니다. 만약 사전에 체험학습 신청서를 제출하지 못했다면 어떻게 해야 할까요? 사전에 학교장의 허가를 받는 것이 원칙이나 부득이한 경우에는 유선으로 사전 허가를 받을 수 있습니다.

출석부가 깨끗한 학생은 개근

부모님 세대의 사람들은 '개근상'이라는 상장에 굉장히 익숙할 것입니다. 학년도가 마무리되는 시기에는 항상 개근상, 정근상 등을 받는 친구들이 있었습니다. 현재는 개근상을 수여하지 않지만 조건이 만족된다면 아이의 생활기록부 출결 특기사항란에 '개근'을 입력합니다. 개근이란 무엇일까요? 개근은 해당 학년 동안 1회의 결석 또는 지각, 조퇴, 결과도 없는 경우를 말합니다. 만약 질병으로 인한 사유라도 지각, 조퇴, 결과가 존재한다면 이것은 개근이라고 볼 수 없는 상황이 됩니다. 출석인정결석(또는 지각, 조퇴, 결과)이 있는 경우는 어떨까요? 출석인정결석(또는 지각, 조퇴, 결과)은 출석으로 인정한다는 뜻이기 때문에 개근을 판단하는 데 영향을 미치지 않습니다. 만약 아이가 1년 동안 출석인정결석 3일을 했다면 이것은 개근으로 처리됩니다.

학교생활에 건의사항이 있어요

아이와 관련된 건의 사항은 담임 선생님에게 전달

아이와 관련한 건의 사항이 생겼을 때 누구에게 이것을 전달해야 할까요? 바로 아이의 담임 선생님입니다. 지금부터 아이와 관련된 건의 사항을 담임 선생님에게 전달해야 하는 이유를 함께 알아보겠습니다.

첫째, 담임 선생님은 아이에 대해 가장 잘 이해하고 있는 사람입니다. 아이는 학교에서 거의 모든 시간을 학급이라는 공간에서 보냅니다. 그리고 담임 선생님은 학급에서 아이들과 끊임 없이 소통하는 존재입니다. 담임 선생님은 아이의 성격과 성향에 대해서 이해하고 있을 뿐만 아니라 학습적인 측면, 교우 관계, 생활 습관까지 모든 것에 대해 파악하고 있습니다. 따라서 부모님이 건의하고 싶은 내용에 대해 가장 잘 이해하고 공감할 수 있는 사람은 담임 선생님입니다.

둘째, 학급에서 일어나는 대부분의 일은 담임 선생님과 함께 해결할 수 있습니다. 학급의 교육과정을 계획하고 운영하는 주체는 담임 선생님입니다. 담임 선생님은 고유한 권한에 따라 학급을 이끌고 자신의 재량을 발휘하여 여러 가지 교육 활동을 진행합니다. 따라서 학급의 일과 관련하여 발생하는 일은 담임 선생님과 함께 의논하는 것이 가장 명확한 해답을 찾을 수 있는 방법입니다.

셋째, 담임 선생님은 학급과 직접적으로 관련되지 않은 일에 대해서도 해결 방안을 찾을 수 있습니다. 아이의 학교생활에는 학급과 직접적으로 관련되지 않는 부분이 있습니다. 돌봄교실이나 방과후학교 수업, 각종 교내 대회 등이 그러한 예입니다. 이러한 부분에서 발생하는 불편 사항 등과 관련하여 담임 선생님은 해당 부서에 문제 해결을 요청할 수 있습니다. 담임 선생님이 담당 부서와 소통하며 문제 해결을 위해 노력한다면 다양한 측면을 고려하여 효과적인 해결 방안을 도출할 수 있습니다. 만약 문제 해결이 원활하지 않을 경우 담임 선생님은 다른 부서에 협조를 요청하거나 교감, 교장 선생님의 도움을 받아 해결 방안을 찾기 위해 노력할 것입니다.

넷째, 담임 선생님은 건의 사항과 관련한 내용을 지속적으로 관리할 수 있습니다. 아이와 관련한 건의 사항은 단번에 해결될 수 있는 것도 있지만 지속적으로 사후 관리가 필요한 것이 많습니다. 따라서 진정한 문제의 해결을 위해서는 담임 선생님이 모든 것을 인지하고 문제 해결 과정을 파악하고 있어야 합니다. 그래야만 해당 사안에 대하여 사후에도 지속적인 관리가 가능합니다.

"교장 선생님에게 건의하는 게 가장 빠를까요?"

문제가 발생했을 때 이를 해결하기 위해서는 문제를 해결할 수 있는 사람이나 부서에 문제 제기를 하는 것이 가장 효과적인 방법입니다. 아이와 관련된 모든 사항은 담임 선생님이 관리합니다. 아무리 교감, 교장 선생님이라 하더라도 학교의 모든 학생에 대해 일일이 파악하기는 어렵습니다. 따라서 아이에 대한 건의 사항은 어떤 부서에 접수되더라도 결국 담임 선생님에게 전달되기 마련입니다. 또한 건의 사항을 정확하게 전달하기 위해서는 담임 선생님과 직접 대화하는 것이 가장 좋은 방법입니다. 대화의 두 주체가 직접 소통하지 않고 중간 단계를 거치게 되면 문제 해결 절차의 효율성이 떨어질 뿐만 아니라 오해가 생길 수 있습니다.

다만 담임 선생님과 소통이 제대로 이루어지지 않을 경우에는 타인의 도움이 필요합니다. 이때는 교무실에 전화를 하여 교감 선생님께 도움을 청할 수 있습니다. 교감 선생님은 모든 선생님과 소통하고 대화할 수 있는 위치이기 때문에 이러한 경우에 부모님을 도와줄 수 있습니다.

온라인 설문을 통해 건의 사항 제기

학교의 교육과정이나 행사 등과 관련하여 건의하고 싶은 사항이 있다면 학교에서 진행하는 온라인 설문에 참여하는 것이 좋습니다. 과거에는 종이로 출력된 가정통신문이 학교와 학부모가 소통하는 주요 수단이었습니다. 이러한 방식은 아이를 통해 종이를 주고받아야 하기 때문에 전달 속도가 느리고 부모님의 의견을 구체적으로 제시하기 어렵다는 한계를 가지고 있었습니다. 하지만 최근에는 대부분의 학교가 학부모와 소통하기 위한 창구로 스마트 공지시스템을 이용합니다. 이러한 서비스는 학교가 온라인으로 가정통신문을 발송하고 부모님이 이에 집적 회신하는 것을 가능하게 했습니다. 이를 통해 학부모는 학교 운영 관련 설문에 손쉽게 참여할 수 있습니다.

학교의 온라인 설문에는 각종 교육 활동 관련 만족도 조사, 학교의 교육과정 평가 설문 등이 있습니다. 학교는 이러한 설문을 실시하여 교육과정과 교육 활동 프로그램에 대한 의견을 수렴하고 보완할 점을 찾기 위해 노력합니다. 학생과 부모님은 온라인 설문을 통해 그동안 운영되었던 학교 행사와 교육 활동에 대해 평가하고 이에 대한 자신의 의견을 구체적으로 제시할 수 있습니다. 온라인 설문 결과는 학교에서 차년도 교육과정과 교육 프로그램을 계획할 때 적극적으로 활용하는 자료입니다. 따라서 온라인 설문을 통해 건의 사항을 제시하는 것은 매우 간편하면서도 효과적인 방법 중 하나입니다.

건의 사항을 제기할 때는 자녀의 이름을 알려야 합니다

대부분 부모님은 학교에 불편 사항이나 건의 사항을 전달할 때 먼저 자녀의 소속과 이름을 밝힙니다. 그런데 극소수의 부모님은 건의 사항을 제기하며 이름을 밝히지 않습니다. 익명성이 보장된 상황에서는 의사 표현이 조금 더 자유롭기 때문입니다. 그런데 안타깝게도 이러한 방식의 건의 사항은 제대로 받아들여질 수 없습니다.

학교는 익명으로 제기된 건의 사항을 신뢰할 수 없습니다. 건의 사항을 제기한 사람이 정말로 학교의 구성원이 맞는지 알 수 없기 때문입니다. 제대로 알 수 없는 일에 대하여 학교가 어떠한 방안을 찾는다는 것은 어려운 일입니다. 만약 학교가 건의 사항에 대해 신뢰하기로 결정했다 하여도 문제를 해결하는 것은 여전히 쉽지 않습니다. 익명의 제보를 통해서는 문제와 관련한 사람이 누구인지 명확하게 알 수 없기 때문입니다. 또한 문제의 해결이란 일시적으로 완료되는 것이 아니라 지속적인 과정을 통해 이루어집니다. 그런데 소통해야 할 대상이 누구인지 알 수 없는 상황에서는 이러한 지속적 문제 해결 과정이 이루어질 수 없습니다.

건의 사항을 제기하는 목적은 문제의 해결이나 불편 사항의 해소에 있습니다. 실명을 통해 학교와 지속적으로 소통하며 문제 해결 과정에 동참해 주세요. 학교로부터 피드백을 제공 받고 서로의 의견을 계속 공유해 나간다면 아이의 불편 사항을 빠르게 해결할 수 있습니다.

아이가 학교에서 다쳐서 왔어요

14

학교에서는 아이들에게 크고 작은 사고들이 일어날 수 있습니다. 친구와의 다툼으로 인한 사고나 아이가 넘어지거나 다치는 경우들도 발생합니다. 보통 이런 일이 있으면 담임교사가 먼저 연락해 어떤 일이 있었는지, 어쩌다 다쳤는지 등에 대해 자세히 이야기하실 것입니다. 아이 중에는 부모님께 혼날까 봐 겁먹어 다친 사실을 말씀드리지 않는 아이가 많은데요. 속상한 마음에 아이를 다그치게 되기도 하지만, 병원을 가야 할 정도로 크게 다쳤다면 아이에게 어디서, 어떻게 다쳤는지를 자세히 물어보는 것이 좋습니다. 「학교안전사고 예방 및 보상에 관한 법률」에 의해 학교에서 교육 활동 중 안전사고가 발생했을 때 보상받을 수 있는 제도가 마련되어 있기 때문이지요.

'학교안전사고'란 교육 활동 중 학생, 교사 등에게 발생한 학교 안팎의 모든 사고를 의미합니다. 학교장의 관리·감독하에 이루어지는 활동이 모두 해당하므로 등·하굣길을 포함해 수학여행, 소풍, 체험학습에서 있었던 일도 포함됩니다.

안전공제회 처리절차와 보상범위

사고통지는 학교에서만 가능하고 사고 발생 날짜에 바로 통지해야 하므로 학부모가 사고를 인지했다면 바로 담임선생님께 연락해야 합니다. 학교에서 사고 접수를 했다면 학부모가 직접 청구서와 구비서류를 작성해서 내면 됩니다. 이후 안전공제회에서 서류를 심사한 후 승인이 되면 금액을 통장으로 송금해주는 방식입니다. 치료 중, 치료 후 모두 청구가 가능하며 구비서류 작성은 모바일로도 할 수 있습니다.

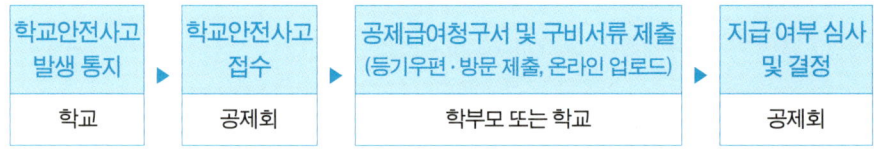

학교안전사고로 인해 상처를 입거나 질병이 생긴 경우 모두 청구할 수 있으며, 간병이 필요한 경우에는 간병 급여도 추가로 청구할 수 있습니다.

요양급여	학교안전사고로 인한 부상을 당했거나, 질병을 얻어 치료를 받았을 때 청구
장해급여	학교안전사고로 인한 요양급여(치료비)를 받은 자가 요양을 종료한 후에도 장해가 남았을 때 청구
간병급여	학교안전사고로 인한 요양급여(치료비)를 받은 자가 치료를 받은 후에도 의학적(장해등급 제1등급)으로 상시 또는 수시 간병이 필요할 때 청구
유족급여	학교안전사고로 사망했을 때 상속인이 청구
장의비	학교안전사고로 사망했을 때 장의를 행하는 자가 청구
위로금	교육활동 중 원인을 알 수 없는 이유로 사망한 때에 청구

안전공제회 이용 TIP!

1. 학교폭력으로 인한 피해라면, 가해 학생의 보호자가 부담하는 것이 원칙입니다. 하지만 피해 학생의 신속한 치료 등 필요한 경우 공제회에서 치료비를 선지원하고 추후 가해 학생에게 구상권을 청구하는 방식으로 운영될 수 있습니다.

2. 안전공제회에서는 치료비 전액이 아니라 비급여 항목을 제외한 국민건강보험법에 따른 '본인부담금'이 지급됩니다.

3. 개인 실비 보험과 중복으로 지급 받을 수 있으니 꼭 놓치지 않고 청구하세요.

참고자료

학교안전공제중앙회 https://www.ssif.or.kr/aboutus/contact

지역별로 학교안전공제회가 나누어 운영되기 때문에 해당 지역의 공제회를 통해 문의하실 수 있습니다.

15
통지표 해석하기①
선생님의 언어를 해석해보자

학기 말, 아이가 받아온 통지표를 살펴보면 기본 학적사항, 출결 사항, 교과 평가. 그리고 가장 아래, 눈에 띄는 '행동 특성 및 종합의견' 항목이 있습니다. '행동 특성 및 종합의견'은 담임교사가 한 학기 혹은 1년 동안 아이를 살펴보고 아이가 학교에서 보이는 수업 태도, 인성, 성적, 재능 등의 특성에 대해 종합적인 의견을 적는 항목입니다. 교사가 아이의 전반적인 학교생활에 대해 짧은 문장으로 나타낸 것이기 때문에 여기에 서술된 내용을 보고 부모가 아이의 학교생활을 조금이나마 예측해볼 수 있습니다. 하지만 아이의 통지표를 보면 보통 '좋은 말'뿐일 것입니다. 아이를 향한 선생님의 칭찬 세례, 모두 믿어도 되는 걸까요?

선생님 언어 번역 ① 아이의 진로와 연결해주세요

아이에게 특별히 칭찬할 점이 있거나 아이가 특정 활동에서 뛰어난 재능을 보인다면 관련된 내용은 꼭 기재합니다. "수학 과목에서 두각을 나타냄.", "글쓰기 활동에서 뛰어난 재능을 보임."과 같은 문장으로 서술되지요. 만약 아이의 통지표를 해마다 비교했을 때 이런 말들이 여러 차례 반복된다면 주목하는 것이 좋습니다. 많은 선생님이 아이에 대해 공통된 의견을 주신 것이니 진로와 연결해볼 수 있습니다.

예시 1

체육 활동에 대한 흥미와 관심이 높으며 구기형 게임 활동에서 전략을 수립하여 게임 활동에 즐겁게 참여함.

학교 스포츠 클럽 활동(축구)에 능동적으로 참여하여 축구 활동을 즐길 뿐만 아니라 기능과 체력도 우수하며, 승리욕이 강하여 경기에서 팀을 승리로 이끄는 등 주도적인 역할을 함.

체격조건 및 운동신경이 좋아 운동 분야에서 뛰어난 능력을 발휘함.

선생님 언어 번역: 아이가 체육 분야에 재능을 보입니다. 학교 운동부나 학교 스포츠클럽에 참가해보는 것을 추천합니다. 아이가 평소 배우고 싶었던 스포츠 종목을 배우는 등 많은 체육 활동을 경험할 수 있도록 도와주세요.

예시 2

수학과의 문제이해력이 높아 친구들에게 자신만의 방법을 설명할 수 있음.

과학 실험하기를 좋아하며 수학적인 사고력과 계산능력이 우수함.

수학에서 기본 개념을 잘 이해하고 있으며 응용을 잘해 심화 개념도 잘 이해함. 수학 문제를 어려워하는 친구들도 잘 돕는 모습을 보임.

선생님 언어 번역: 수학 과목의 성취가 높습니다. 이런 문장들이 반복된다면 아이에게 수학적 재능이 있다고 볼 수 있습니다. 수학 영재교육원 선발 시험에 응시해보거나 수학적인 사고력을 요구하는 코딩 등을 배우도록 하는 것을 추천합니다.

선생님 언어 번역 ② 아이를 이렇게 도와주세요

반대로 부정적인 내용은 어떨까요? 통지표를 작성할 때, 아이의 단점은 되도록 작성하지 않도록 하고 있습니다. 그래도 작성하고 싶다면 발전 가능성을 꼭 함께 작성하도록 노력합니다. 통지표는 아이의 초등학교 기록이기도 하기에 부정적인 내용보다는 최대한 긍정적인 방향으로 쓰도록 하는 것이지요.

예를 들어, 학습 부진 학생이 있다면 "학업 성적이 낮음"이라고 쓰지 않고 "기초 실력을 쌓는다면 더욱 발전하리라 기대됨."과 같이 씁니다. 학업적인 측면만이 아닙니다. 자신의 의견만 주장해 다툼이 잦은 아이가 있다면 "고집이 세고 친구들과 자주 다툼."이라고 쓰지 않고 "친구들과 활발하게 소통하고 자신의 주장을 명확하게 드러냄."과 같이 완곡한 표현을 씁니다. "성장 가능성"과 관련된 말이 적혀 있거나 "문제행동을 보이기도 한다"라는 말이 있다면 아이의 모습을 주의 깊게 살피고 가정에서 도움을 주려는 노력이 필요합니다.

예시 3
친구들과 놀 때 행동반경이 크고 격하여 염려될 때가 있으나 행동의 강약 조절이 필요하다는 것을 스스로 인정하고 이를 실천하기 위해 노력하는 점이 엿보임.
선생님 언어 번역: 과격한 장난을 칠 때가 많아 학교에서 친구들과 다툼이 잦은 모습을 보입니다. 이런 부분에 대해 가정에서 지도가 필요합니다.

예시 4
수업 중 집중력이 다소 떨어지지만, 호기심이 많아 궁금한 점을 알고자 하는 지식 욕구와 창의적인 발상력이 있어 좀 더 차분하게 문제를 해결하려는 마음을 갖는다면 훨씬 발전 가능성이 큰 학생임.
선생님 언어 번역: 수업에 집중하지 못하고 다른 행동을 할 때가 많습니다. 자신이 관심 있는 것에 대해서만 선택적으로 흥미를 보이기

때문에 학업 측면에서도 열심히 하려는 노력이 필요합니다.

예시 5
학습 계획 실천력과 집중력이 다소 낮지만, 자신의 부족한 부분을 개선하기 위해 책 읽기와 긴 글 읽기 등과 같은 노력을 꾸준히 실천함.
선생님 언어 번역: 학습적으로 뛰어난 편은 아니지만, 자신의 부족한 점을 스스로 알고 개선하고자 하는 모습을 보입니다. 가정에서 충분히 칭찬하고 격려해주세요.

예시 6
자신의 감정을 절제하는 것을 어려워할 때가 있으나 모둠 활동을 통해 다른 사람을 배려하려는 노력이 엿보임.
선생님 언어 번역: 자기 조절력이 부족해 친구들과의 갈등이 생길 때가 많습니다. 가정에서 유의 깊게 살펴주세요.

통지표에 적힌 행동 특성 및 종합의견을 보고 '이상하다. 우리 아이는 이렇지 않은데?' 하고 생각할 수도 있습니다. 사실 아이의 모습은 선생님, 부모님, 친구들 앞에서 각각 다르기 마련입니다. 행동 특성 및 종합의견은 1년 동안 아이를 지켜본 담임교사의 의견이니 '아이가 학교에서는 이런 모습을 보이는구나' 하고 아이를 다각도로 이해하는데 좋은 자료로 활용하기를 추천합니다.

아홉 과목으로 6교시를 시작하다

흔히 저학년으로 불리는 1~2학년을 마치고 3학년에 진급하게 된 아이들은 꽤 많은 변화를 마주하게 됩니다. 국어, 수학, 통합, 안전한 생활이라는 네 개의 과목은 아홉 개의 과목으로 확장되고 4교시와 5교시로 이루어졌던 시간표는 6교시까지 늘어납니다. 학생들이 느끼는 부담감이 상당히 증가하였기 때문에 초기에는 새로운 환경에 적응할 시간이 필요합니다. 3학년이 된 아이들은 어떠한 과목들을 새롭게 배우고 학교에서 얼마나 많은 시간을 보내게 될까요?

아홉 과목, 저학년 때와 이렇게 다릅니다

아이들은 3학년이 되면 다음의 아홉 과목을 배우게 됩니다. 국어, 도덕, 사회, 수학, 과학, 음악, 미술, 체육, 영어가 바로 그것입니다. 아이들은 늘어난 교과서의 수와 들어보지 못했던 교과 이름에 대해 다소 생소하게 느낄 수 있습니다. 하지만 자세히 살펴보면 새롭게 생겨난 교과목은 저학년의 통합 교과에서 학습한 내용과 관계가 깊습니다.

국어와 수학은 학생들이 저학년 때부터 줄곧 배워 왔기 때문에 익숙한 교과입니다. 하지만 실제로 학습하는 내용은 저학년에 비해 한 계단 올라선 모습입니다. 국어의 경우 이전에는 기본적인 국어 사용 능력 발달을 위한 내용으로 교과서가 구성되었습니다. 3학년부터는 중심 생각을 파악하거나 글의 내용을 추론하는 등 글과 담화가 가진 이면의 의미까지 파악하는 내용으로 교과서가 구성됩니다.

수학의 경우 이전에는 비교적 간단한 숫자의 연산이나 도형을 대략적으로 인식하고 단순한 규칙을 찾는 수준의 내용이 주를 이루었습니다. 이제는 소수나 분수 등의 새로운 수 개념을 배우고 이를 더하고 빼는 연산까지 하게 됩니다. 도형의 수학적 정의를 배우고 구성요소를 파악하며 간단한 그래프에 대해 배웁니다. 저학년 때 배웠던 개념을 바탕으로 새로운 수학 개념에 접근하는 과정을 거치게 됩니다.

주제 중심으로 학습하던 통합 교과의 내용들은 도덕, 사회, 과학, 음악, 미술, 체육의 과목으로 연계됩니다. 학생들에게 필요한 기본적인 규범의 습관화를 목적으로 하는 바른 생활은 도덕 교과에서, 사회 현상과 자연 현상을 통합적으로 조직하여 세상에 대한 탐구 활동이 이루어지던 슬기로운 생활은 사회와 과학에서, 여러 가지 놀이나 다양한 활동을 통해 신체적, 음악적, 조형적 활동이 이루어지던 즐거운 생활은 음악, 미술, 체육에서 그 맥이 이어집니다.

영어는 초등학교 3학년에서 완전히 새롭게 등장하는 과목입니다. 처음 보는 문자를 익히고 한국어와 어순이 다른 문장을 듣고 말하며 국어에는 존재하지 않는 발음을 경험하게 됩니다. 영어는 그만큼 아이들에게 낯설고 두려운 과목이 될 수 있습니다. 따라서 이 시기에는 아이들이 영어에 대한 관심과 흥미를 가지고 영어를 긍정적으로 바라볼 수 있도록 도와주는 것이 필요합니다.

1~2학년에 비해 교과목의 수가 늘어난 만큼 아이들이 소화해야 할 학습량도 크게 증가하였습니다. 그만큼 학습에 대한 부담감이 급격히 커지는 때입니다. 이러한 시기일수록 아이들은 학습을 위해 필요한 것을 파악하여 스스로 준비하는 태도를 형성해야 합니다. 또한 각 교과의 특성에 맞는 학습 방법을 찾아 활용하는 것이 필요합니다. 많은 변화로 인해 다소 혼란스러울 수 있지만 아이가 교과 학습을 위한 기본적인 습관과 학습 방법을 익힐 수 있는 최적의 시기입니다. 이 시기를 유익하게 보낸 학생들은 앞으로의 교과 학습을 자신감 있게 해 나갈 것입니다.

6교시의 시작, 아이들의 시간표가 바뀝니다

3학년이 되면 1~2학년에 비해 과목의 수가 늘어나고 과목당 배정되는 시수 또한 늘어납니다. 따라서 아이들은 전보다 많은 시간을 학교에서 보내게 됩니다. 아이들은 어떤 과목을 얼마나 많은 시간 동안 배우게 될까요? 아래 예시 시간표를 보며 우리 아이의 시간표에 어떤 변화가 있을지 살펴봅시다.

	월요일	화요일	수요일	목요일	금요일
1교시	국어	국어	국어	국어	국어
2교시	수학	수학	수학	사회	수학
3교시	체육	사회	영어	체육	미술
4교시	영어	도덕	음악	음악	미술
점심시간					
5교시	과학	창체	과학	과학	사회
6교시					창체

위 시간표를 보면 과목별 주당 수업 시수를 대략적으로 알 수 있습니다. 다만 한 가지 유의해야 할 점이 있습니다. 시간표에서 알 수 있는 과목별 주당 수업 시수는 하나의 예시일 뿐입니다. 학교마다 과목별 수업 시수의 차이가 존재합니다. 또한 각 교과 수업을 주당 고정적인 시간으로 배정한다면 연간 수업 시수 계획과는 정확하게 일치하지 않을 것입니다. 따라서 시간표는 주별로 변동될 수 있음을 유의해야 합니다.

위의 시간표를 보면 아이들은 일주일에 네 번은 5교시, 한 번은 6교시를 하게 됩니다. 저학년 때는 점심 식사를 하고 바로 하교하는 날이 많았지만 3학년부터는 점심 식사 후 바로 하교하는 날이 없습니다. 6교시로 구성된 날이 비록 하루이긴 하지만 아이들에게 그 시간이 굉장히 길게 느껴질 수 있습니다. 오후 수업에 대한 아이들의 집중력이 떨어질 수 있으므로 이것에 대비하는 것이 좋습니다. 3학년이 되기 전, 아이들이 오후 시간을 활용하여 학습하는 훈련을 한다면 추후에 6교시 수업을 소화하는 데 도움이 될 것입니다.

하루를 알차게 정리하는 배움공책 정리법

02

3~4학년부터는 배움공책을 쓰며 학교에서 배운 내용을 정리하는 것이 좋습니다. 이 시기부터 배움공책을 통해 하루에 배웠던 내용을 정리하며 나만의 공부방법을 세워나가는 학생은 학업성취도면에서 확실히 뛰어난 모습을 보여줍니다. 아이들의 학습적 성장을 위해 학교에서 배움공책을 쓰도록 하는 선생님도 있습니다. 의미 없이 흘려보낼 수 있는 1~6교시 동안 아이들이 배운 내용을 스스로 정리하고, 느낀 점 혹은 더 알고 싶은 점에 대해 작성하도록 하는 것입니다. 배우고 들은 내용을 직접 글로 정리하는 과정을 통해 아이들은 수업에 대한 이해도와 집중력이 높아집니다. 저도 학생들에게 꼭 배움공책을 쓰도록 하는 편입니다. 종례시간에 아이들의 배움공책을 살펴보면 '핵심을 잘 파악했구나!' 하는 학생이 있는 반면 '칸만 채웠구나.' 하는 학생도 있습니다.

자기주도학습의 기본이 되며 아이들의 학습이해도를 쑥쑥 높이는 배움공책 작성법을 소개합니다.

하루를 알차게 정리하는 배움공책 필기법

배움공책 쓰기에 좋은 필기법은 코넬식 노트필기법입니다. 1950년에 코넬대학교 교육학 교수가 만들었다고 전해지는 이 필기법은 학생들의 학습 능력을 향상시키기 위해 고안되었다고 합니다. 크게 4칸으로 구분되어 상단과 좌측, 우측, 하단으로 구분되어 있습니다. 상단에는 주로 제목을 쓰고, 좌측에는 키워드, 우측에는 학습 내용, 하단에는 질문을 적는 구조입니다. 이를 약간 변형시켜 아이들이 쓰기 편한 배움공책 모드로 편집해 사용할 수 있습니다.

먼저 평범한 줄공책에 2~3cm 정도 간격을 두고 세로선을 긋습니다. 세로선을 하나만 그어주면 칸이 2개인 표가 만들어집니다. 첫번째 칸에는 오늘 날짜, 요일을 적습니다. 오늘 날씨나 기분을 추가해도 좋습니다. 그 아래에는 1~6교시별로 과목과 학습 주제를 적습니다. 1교시 국어, 2교시 수학 등으로 나눠 작성하면 됩니다. 다음 칸에는 공부한 내용을 자세히 적으면 됩니다. 가장 중요한 것은 '핵심 단어'입니다. 예를 들어 사회 시간에 다양한 세시풍속에 대해 배웠다면 '세시풍속', '명절', '정월대보름' 등이 핵심 단어가 됩니다. 이 핵심 단어들을 잘 기억하며 세시풍속의 의미, 배운 여러 가지 세시 풍속들을 정리해서 쓰면 됩니다. 그 다음 칸에는 배운 내용에 대한 느낀 점이나 더 궁금한 점을 쓸 수 있습니다. 이 질문들에 대해 선생님께 물어볼 수도 있고, 스스로 정답을 찾을 수도 있습니다. 모든 교시의 내용을 정리했다면 마지막 칸에는 한 줄 감사를 적습니다. 이는 선택사항이지만, 저는 아이들이 하루를 살면서 작은 것에도 감사하는 마음을 가졌으면 해서 한 줄 감사 영역을 꼭 넣습니다. 실제로 이 배움공책 양식을 사용하면 "오늘 급식이 맛있어서 감사", "친구가 지우개를 빌려줘서 감사", "오늘 하늘이 맑아서 감사", "오늘 학원이 1개밖에 없어서 감사" 등 흐뭇하게도 아이들이 다양한 이유의 감사일기를 씁니다.

오늘 날짜, 요일, 기분 등	2023년 4월 19일 😊 비가 추적추적 오는 날씨
교시, 과목	1교시 사회 핵심단어

배운 내용 정리하기	• 세시 풍속이란?
	 세시 : 매년 같은 시기에 반복되는 날 ex. 설날에는 떡국, 세배
	 풍속 : 옛날부터 전해 내려오는 생활 습관 추석에는 성묘, 송편!
	 1. 정월 대보름 : 음력 1월 15일
	    하는 일 - 달집태우기, 쥐불놀이 → 새해 소원과 그 해 풍년을 빌고, 나쁜 기운을 쫓는 것
	    먹는 음식 - 오곡밥, 부럼 → 건강을 비는 것
	 2. 단오 : 음력 5월 5일
	    하는 일 - 부채 주고 받기, 창포물에 머리 감기 → 여름을 시원하게 보내라는 의미, 나쁜 기운을 쫓는 의미
	    먹는 음식 - 수리취떡, 앵두 화채
	 들여쓰기 활용!

느낀 점 — (느) 궁금한 점 — (질)	재밌는 세시풍속이 많은 것 같다! 나도 동지때 팥죽을 먹은 적이 있어서 신기했다. 세시 풍속은 왜 생겼을까?
	2교시 창체

	• 돌아라 잡아라!
	    공격과 수비로 나눠져서 우리 팀 조끼를 지키는 게임이다.
	    수비를 몸으로 건드리면 안 된다. 열심히 움직이게 되는 게임이었다.
	 느) 우리반과 협동 게임을 해서 재미있었다. 시원이가 잘 도와줘서 고마웠다.

한 줄 감사	1. 오늘 급식에 내가 좋아하는 딸기가 나와서 감사합니다. 2. 창체시간에 친구들과 협동할 수 있어서 감사합니다. 3. 선생님께서 열심히 수업해주셔서 감사합니다.

핵심이 쏙쏙 담겨 있는 배운 내용 정리법

순서대로 나열하는 방법, 그림으로 정리하는 방법, 표로 정리하는 방법 등 배운 내용을 정리하는 방법은 다양합니다. 중요한 점은 배운 내용을 정리하고 기억할 최선의 방법을 선택하는 것입니다.

① 반쪽 필기법

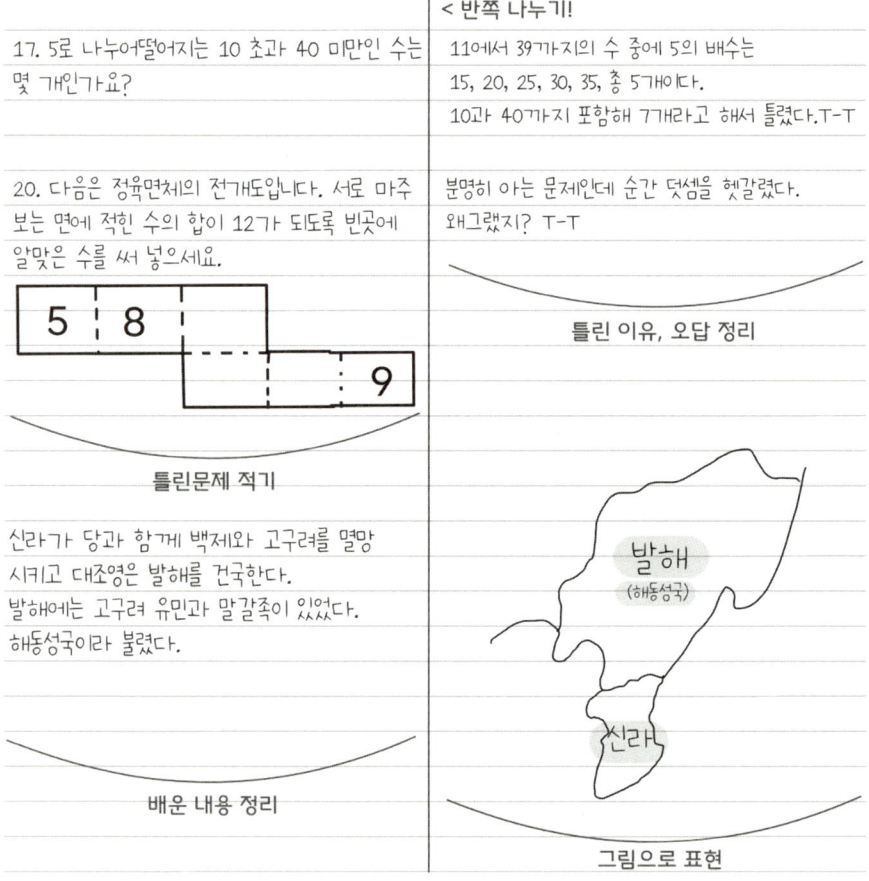

반쪽 필기법은 공책을 반으로 나눠 핵심 내용을 정리하는 방법입니다. 수학 오답노트를 쓸 때나 그림으로 정리가 필요한 사회, 과학 과목을 필기할 때 사용할 수 있습니다.

② 마인드맵

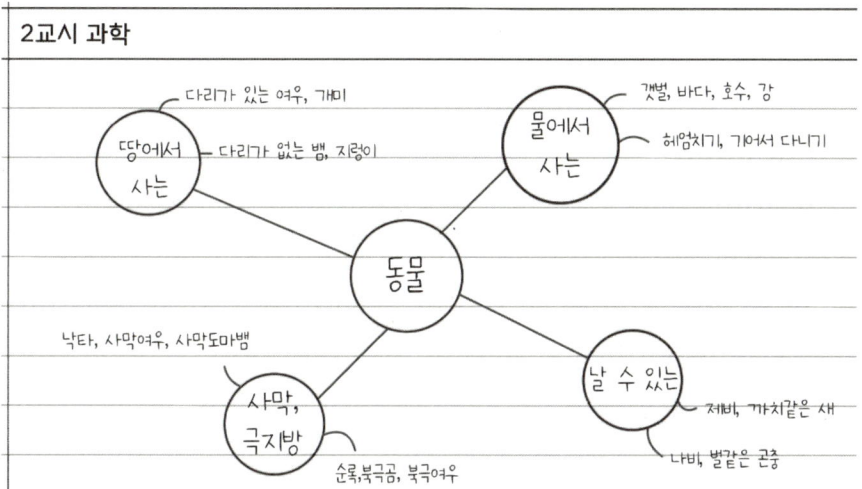

마인드맵(mind map)은 마음속에 지도를 그리듯 생각을 이미지화한다는 뜻입니다. 중심 단어를 가운데 적고 도형과 선을 이용하여 한눈에 알아볼 수 있도록 정리하는 방법이지요. 여러 가지 속성이나 특징을 집약적으로 표현할 수 있다는 장점이 있습니다.

③ 비주얼 씽킹

생각을 글과 그림으로 표현하는 방법인 비주얼씽킹은 많은 내용을 알아보기 쉽게 구조화한다는 장점이 있습니다. 배운 내용을 직관적인 이미지 형태로 만들어 정리하기 때문에 기억에도 오래 남지요.

④ 도표

항목을 나눠 표로 정리하는 방법입니다. 장점과 단점을 나눠 정리할 때나 두 개념을 비교할 때 사용하기 좋습니다. 공책에 줄만 그으면 바로 표가 완성되기 때문에 아이들이 쉽게 사용할 수 있습니다.

⑥ 연표로 정리

사회 과목에서 역사를 배울 때는 연표로 정리하는 것만큼 효과적인 정리가 없습니다. 수직선을 그어 역사적 사실들이 일어난 순서를 쉽게 파악할 수 있습니다.

이외에도 형광펜을 사용해 중요한 부분을 하이라이트 하기, 붙임쪽지를 붙여 내용을 덧붙이는 방법, 색 볼펜을 활용하는 등 나만의 정리 방법을 만들 수 있습니다.

　처음부터 배움 공책을 완벽히 작성하는 아이는 없을 것입니다. 실제로 학교에서도 잘 쓴 사례를 보여주고 똑같이 쓰라고 해도 어려워하는 아이가 많습니다. 중요한 것은 매일매일 반복해서 쓰며 발전해나가는 것입니다. 아이가 배움 공책을 썼을 때 잘 쓴 점에 대해 칭찬을 아끼지 않고 격려해준다면 아이는 더욱 즐겁게 작성할 수 있을 것입니다.

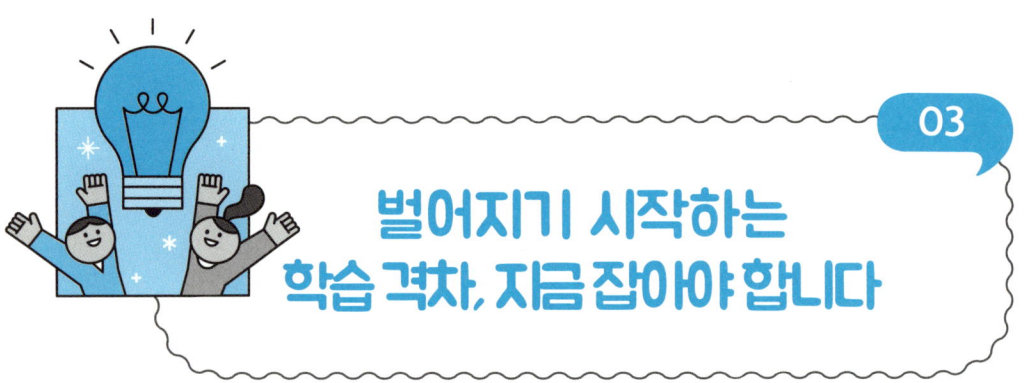

03 벌어지기 시작하는 학습 격차, 지금 잡아야 합니다

초등학교 3학년은 학생들 사이에서 학습 격차가 벌어지는 시기입니다. "3학년에서 배우는 학습 수준이 높지 않은데, 무슨 학습 격차가 일어난다는 거야?" 하고 생각하실 수도 있습니다. 하지만 고학년이 되어서 진단평가를 본 후 학습 부진을 겪는 아이들을 살펴보면, 그 해답이 초등학교 3학년에 있다는 것을 확인할 수 있습니다. 아래 표를 살펴보면 학습 부진이 시작되고 이를 판별하는 시기가 초등학교 2~3학년에 집중되어 있다는 것을 알 수 있습니다. 3학년부터 두드러지는 학습 격차가 생기는 이유는 무엇일까요?

3학년은 저학년 때 배웠던 것들이 발현되는 시기입니다. 줄을 서고 차례를 지키는 것, 정리 정돈을 하는 것, 식사 예절을 지키는 것 등의 기본 생활 습관과 스스로 학습하려는 자기주도학습, 원하는 책을 골라 진득하게 읽는 독서 습관 등의 기본 학습 습관. 이런 기초 습관들이 잘 갖추어진 아이들과 부족한 아이들은 학교생활과 학업 성취도 면에서 확연히 차이가 납니다. 특히 저학년 때 세운 독서 습관은 아이들의 어휘력에서부터 차이를 가져옵니다. 저학년 때 책을 많이 읽은 아이들은 어려워지는 교과서 내용과 어휘를 자연스럽게 받아들이지만, 그렇지 못한 아이들은 교과서를 읽고 이해하는 것부터 어려움을 느끼게 됩니다.

3학년 학습의 또 다른 특징은 체험, 놀이 위주의 학습보다는 원리나 개념을 익히는 학습이 시작된다는 것입니다. 저학년 '통합' 수업이 활동이나 실습 위주로 진행되었다면 3학년부터는 통합 과목이 과학, 사회 과목으로 확장되면서 기본 개념이나 원리를 익히고, 배운 내용을 정리해야 하는 수업들이 많습니다. 처음 들어보는 생소한 개념들에 아이들은 낯설어하고, 어려워지는 학습 내용에 점점 공부를 싫어하게 되기도 합니다. 이런 상태에서 고학년으로 갈수록 수업 시간도 늘어나고 학습량도 많아지기 때문에 3학년 때 기본 공부 습관을 잘 잡아두는 것이 중요합니다.

선택 내용	교사							합계
	1학년 이전	1학년	2학년	3학년	4학년	5학년	6학년	
시작	5 (7.5%)	18 (26.9%)	23 (34.3%)	18 (26.9%)	3 (4.5%)	0 (0.0%)	0 (0.0%)	67 (100.0%)
판별	0 (0.0%)	0 (0.0%)	6 (9.0%)	23 (34.3%)	28 (41.8%)	8 (11.9%)	2 (3.0%)	67 (100.0%)

벌어지기 쉬운 학습 격차, 이렇게 잡아보자

① 놓치기 쉬운 예습·복습

예습과 복습이 중요하다는 걸 알면서도 잘 지키지 않는 학생들이 많습니다. 3학년부터는 교과서에 담긴 내용이 충분해서 예습과 복습만으로도 학습에 큰 도움을 받을 수 있습니다. 너무 어렵게 생각할 필요는 없습니다. 배울 내용은 무엇인지, 배운 내용은 무엇인지 교과서를 간단히 읽어보는 정도로도 충분합니다. 앞서 말했듯이 3학년 교과서에는 아이들에게 낯선 어휘나 개념들이 많이 등장합니다.

> 흐르는 물은 바위나 돌, 흙 등을 깎아 낮은곳으로 운반해 쌓아 놓습니다. 지표의 바위나돌, 흙 등이 깎여 나가는 것을 침식 작용이라고 하며, 운반된 돌이나 흙이 쌓이는 것을 퇴적작용이라고 합니다.
>
> — 3학년 2학기 과학 교과서 중

운반, 지표, 침식, 작용, 퇴적 등의 어휘들은 분명 아이들에게 생소한 개념입니다. 교과서를 미리 읽어보면 이런 단어들을 보고 수업에 대해 궁금증을 갖게 됩니다. 작은 궁금증은 수업 집중력을 높입니다. 이후 복습까지 이어진다면 생소한 개념일지라도 오랫동안 기억에 남게 됩니다.

② 1권 이상의 수학 문제집 풀기

　수학은 학년 간 내용이 긴밀하게 연결되어 있는 대표적인 과목입니다. 현재 학년에서 배우는 수학의 내용을 제대로 이해하지 못하면 다음 학년의 학습을 잘 해내기 어렵지요. 따라서 교과서에 있는 개념이나 연산 방법을 확실하게 이해하고, 정확하고 빠르게 문제를 해결해가는 연습을 해야 합니다. 이를 위해 최소 1권 이상의 수학 문제집을 푸는 것이 좋습니다. 기본적으로는 구구단, 자릿수가 다양한 나눗셈 등 반복적인 연산 훈련을 할 수 있는 문제집을 고르고 나서 익숙해지면 각 학기의 내용을 복습할 수 있는 학기별 문제집을 풀면 됩니다. 약분, 통분, 넓이 구하기, 부피 구하기 등의 기본이 되는 사칙연산이 탄탄하게 잡힌 아이들은 이후의 수학 학습에도 자신감을 가지게 됩니다.

③ 책 읽기와 글쓰기

　학습 내용이 어려워지는 중학년 시기에는 아이들의 어휘력과 문해력이 중요해집니다. 문해력은 '글을 읽고 이해하며 표현하는 능력'입니다. 높은 문해력을 가진 아이들은 개념을 이해해 자신만의 언어로 정의하는 것에 능숙하고, 감정 표현하기에도 어려움을 느끼지 않아 타인과 원활한 의사소통을 하지요. 하지만 어휘력과 문해력은 수학처럼 문제집을 푼다고 해서 갖출 수 있는 것이 아닙니다. 꾸준한 독서와 글쓰기를 통해 글의 흐름이나 읽기와 쓰기의 방법을 자연스럽게 습득해 나가는 것이 중요합니다. 따라서 3학년 때부터 아이가 부담을 느끼지 않는 선에서 가벼운 필사를 해보거나 신문, 잡지, 동화책, 만화 등 다양한 종류의 글 읽기부터 시작하는 것을 추천합니다. 이때부터 쌓인 좋은 독서 습관과 글쓰기 실력은 앞으로의 학습에 좋은 자양분이 될 것입니다.

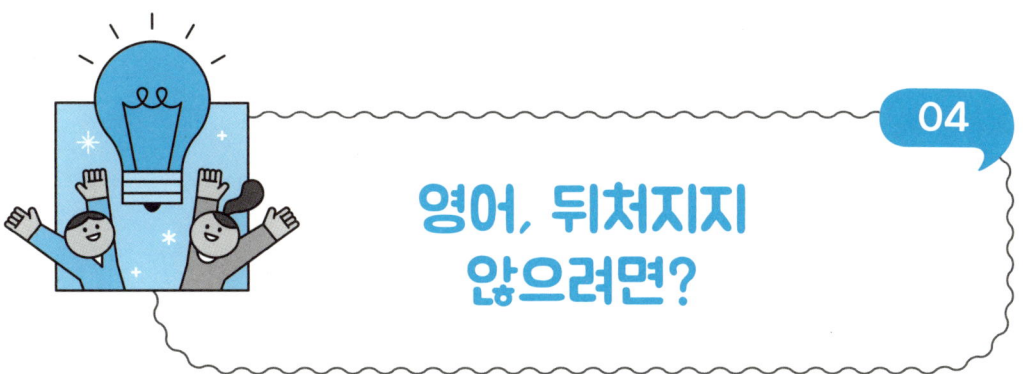

영어, 뒤처지지 않으려면?

04

영어는 정규 교육과정에 3학년부터 등장하지만, 초반부터 격차가 드러나는 과목입니다. 아이의 이전까지 영어 학습 정도에 따라 학교 수업을 이해하고 따라가는 정도가 매우 다르기 때문입니다. 첫 영어 수업을 앞두고 있다면 우선 이전에 학습했던 알파벳과 파닉스를 다시 점검하고 복습해야 합니다. (1-5. 아직 저학년인 우리 아이, 영어를 시작해도 될까요? 참고) 필요하다면 공부했던 파닉스 교재를 다시 풀어보는 것도 좋습니다. 학교 수업을 위한 웜업(warm-up)을 하는 것이지요. 알파벳과 파닉스가 영어 공부의 출발이었다면 이제는 조금씩 실력을 키워나가야 합니다. 아이가 수업에서 뒤처지지 않고 오래, 즐겁게 영어 공부를 하기 위해 지금 필요한 것들을 소개합니다.

초등 필수 어휘 암기하기

영어의 4 기능(듣기, 읽기, 쓰기, 말하기)의 기본이 되는 것은 '어휘'입니다. 어휘 실력이 높은 아이들은 더 많은 내용을 듣고, 내용을 정확히 이해하며 자기 생각을 보다 효과적으로 말하고 쓸 수 있습니다. 아는 어휘가 풍부할수록 영어 실력이 느는 속도도 빨라지지요. 따라서 3학년 때부터 꾸준히 초등 영어 필수 어휘를 암기하는 것이 좋습니다. 초등 필수 어휘를 담은 어휘 문제집도 있고, 영어 단어 모음집 등을 참고하거나 교과서 뒤에 정리되어 있는 단어 목록을 공부할 수도 있습니다. 영어 단어를 외울 때 추천하는 것은 상황별 혹은 주제별 어휘를 중심으로 학습하는 것입니다. 여행 갈 때 자주 사용할 수 있는 어휘나 식당에서 자주 사용하는 어휘, 과일 이름, 과목 이름, 직업 이름 등을 따로 모아 공부하는 것입니다. 교과서를 살펴보면 'What color is it?', 'How's the weather?'과 같은 단원명처럼 상황별, 주제별 어휘가 등장하는 경우가 많습니다. 해당 주제의 어휘가 익숙한 아이들은 교과서뿐만 아니라 하나의 주제를 가진 짧은 글도 잘 이해할 수 있게 되지요.

⟨표⟩ 상황별, 주제별 어휘 예시

여행 갈 때	학교에서	직업 이름	색깔 이름
go on a trip: 여행 가다 passport: 여권 airplane: 비행기 holiday: 휴가 vacation: 방학 summer: 여름 swimming pool: 수영장	study: 공부하다 play: 놀다 textbook: 교과서 desk: 책상 board: 칠판 friend: 친구 playground: 운동장	designer: 디자이너 teacher: 선생님 actor: 배우 police officer: 경찰관 baseball player: 야구 선수	red: 빨강 orange: 주황 yellow: 노랑 green: 초록 blue: 파랑 black: 검정 purple: 보라

영어 사용 환경에 노출하기

우리나라처럼 영어를 쓰지 않는 나라를 EFL 국가라고 부릅니다. EFL은 'English as a Foreign Language'의 약자로 일상생활에서 영어를 거의 사용하지 않는 것을 의미합니다. 실제로 우리나라에서 생활하면서 영어로 의사소통하는 경우는 거의 없습니다. 생활에서 영어를 많이 접해야 실력이 느는데, 사실은 많이 쓸 수가 없는 환경이지요. 따라서 부모가 인위적으로라도 아이가 영어를 접할 수 있도록 환경을 만들어주는 것이 중요합니다. 영어 노출은 다양한 방법으로 가능합니다. 영어 동화책 읽기, 영어 동요 듣기, 영어 만화 보기를 포함해 요즘은 OTT 서비스 중 키즈 관련 탭이 생겨 아이가 좋아하는 애니메이션을 영어로 보고 따라 읽도록 할 수도 있습니다. 여러 방법 중 아이가 가장 재미있어하고 호기심을 보이는 것으로 선택하면 됩니다.

동화책이든 애니메이션이든 아이가 자주 영어를 접할수록 아이에게는 영어에 대한 데이터가 쌓입니다. 많은 영어 노출 속에서 아이는 어휘도 자연스럽게 습득하고, 문장구조도 익히게 됩니다. 이를 확장해 점차 수준이 높은 책을 읽도록 하거나 어휘 수준이 높은 영화를 제시해가면서 아이의 영어 실력향상을 도울 수 있습니다.

영어에 대한 흥미 유지하기

초등 영어는 중학교, 고등학교 영어를 위한 발판입니다. 이 시기를 잘 다져야 고학년에서 배우는 문법이나 독해에서 부담을 느끼지 않게 되지요. 하지만 그렇다고 해서 영어 공부를 억지로 시키거나, 수준에 맞지 않는 어려운 과제를 제시하면 아이가 스트레스를 받기도 하고, 영어를 싫어하게 되는 경우도 생깁니다. 영어 실력은 중·고등학교 학습, 수능뿐만 아니라 취업과 그 이후의 삶에도 꼭 필요합니다. 초등학교 시기에는 아이가 영어를 친숙하게 느끼고, 편하게 듣고 말할 수 있도록 하는 것이 가장 중요합니다.

아이가 영어에 도무지 흥미를 느끼지 않는다면 아이가 평소에 좋아하는 것부터 시작하는 것을 추천합니다. 영어 교과 전담으로 아이들을 가르칠 때의 일입니다. 4학년인데도 알파벳을 겨우 읽는 학생을 방과 후에 지도해야 했는데, 이미 영어에 대한 거부감이 심한 상태라 수업이 쉽지 않았습니다. 고민하던 중 아이가 요리를 좋아한다는 사실을 떠올려 함께 팬케이크 요리법이 담긴 짧은 동화책을 읽고 팬케이크를 직접 만들어보기도 하고,

여러 조리 도구들, 요리법 등과 관련한 어휘부터 학습하기 시작하니 아이가 점차 관심을 보이기 시작했습니다. 이를 시작으로 열심히 공부하니 학기 말에 그 아이는 좋아하는 음식에 관한 3분 스피치를 멋지게 해낼 수 있었습니다. 이렇듯 아이가 좋아하는 것은 영어에 흥미를 느끼게 하기도, 이를 지속하게 하기도 좋은 열쇠입니다. 축구, 공룡, 아이돌 등 아이의 관심사부터 시작해보세요. 차근차근 범위를 넓혀가며 영어 실력을 높일 수 있을 것입니다.

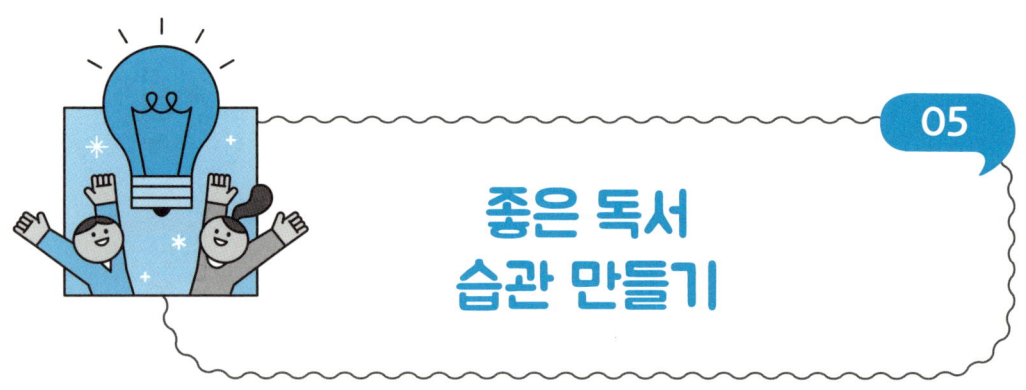

좋은 독서 습관 만들기

05

책 읽기의 중요성은 여러 번 강조해도 지나치지 않습니다. 독서를 하는 동안 스마트폰, 컴퓨터 등의 기기에서 벗어나 몰입할 수 있는 시간을 가질 수 있고, 직접 경험으로 얻기 힘든 것들을 책을 통해 간접적으로 경험할 수 있습니다. 소설책의 경우 주인공의 이야기를 읽으며 타인을 더 잘 이해하는 기회가 되기도 하지요. 이렇듯 독서는 아이들의 정서 발달과 사회성 발달 측면에서 매우 중요한 역할을 합니다. 특히 초등학교 시기의 독서는 아이의 어휘력과 문해력 향상에도 도움이 될 뿐만 아니라 교과 학습에도 큰 도움을 줍니다. 아이들에게 좋은 독서 습관을 만들어주기 위해서는 어떻게 해야 할까요?

책을 긍정적으로 바라보도록 해주세요

저희 반 아이 중에 책에서 눈을 못 떼는 아이가 있었습니다. 쉬는 시간은 물론이고, 틈만 나면 책을 읽던 아이였습니다. 여느 날처럼 주말을 보내고 온 아이에게 주말 동안 무엇을 했냐고 물으니 "도서관에서 놀다 왔어요."라고 하더군요. '도서관'과 '놀다'. 처음에는 성격이 전혀 다른 두 단어가 붙어 있다고 생각했습니다. 학부모 상담을 통해 알게 된 사실은 아이가 주말마다 도서관에 가서 다양한 책을 탐색하고, 도서관 앞 공터에서 배드민턴도 하고, 책을 읽다가 맛있는 도시락도 먹으며 부모님과 함께 시간을 보내다 온다는 것이었습니다. 그 아이에게는 도서관에 가는 일이 지루하거나 재미없는 일이 아니라 즐거운 일인 것이었지요. 이런 경험이 반복되면서 아이가 자연스럽게 책에 흥미를 느끼게 된 것입니다.

책을 많이 읽는 아이의 특징은 책을 긍정적으로 바라보고 있다는 것입니다. 아이가 '책은 나에게 즐거움과 지혜 등을 가져다주는 존재'라고 생각하기 위해서는 부모의 역할이 중요합니다. 아이를 책이 많은 환경에 노출해 책을 친숙하게 느끼도록 하고, 책 읽는 사람들을 자주 접하며 좋은 자극을 주는 것입니다. 앞선 사례처럼 아이와 함께 도서관에 자주 가는 방법도 있습니다. 책이 가득한 도서관 주위에서 시간을 보내며 책과 아이가 함께하는 행복한 추억을 많이 만들어보세요. 아이가 자연스레 책을 좋아하게 될 것입니다.

함께 책에 관한 이야기를 나눠보세요

시간이 날 때마다 틈틈이 책을 읽는 것도 좋지만, 책을 좋아하지 않는 아이들은 시간을 '내서' 책을 읽도록 해야 합니다. 부모와 함께 일주일에 30분에서 1시간 정도는 함께 책을 읽고 이야기를 나누는 것을 추천합니다. 책의 내용에 관해 이야기를 나누면서 아이는 등장인물의 감정에 공감하는 능력도 키우고, 여러 사람의 생각을 들으며 어휘력과 표현력도 기를 수 있습니다.

〈책 읽기 후 나눌 수 있는 질문의 종류〉

사실 질문: 내용 확인 질문으로, 책에 나온 사실을 확인하는 질문입니다.
(할머니가 아이에게 건넨 물건은 무엇이었나요?)
추론 질문: 내용을 바탕으로 암시된 정보를 추론하는 질문입니다.
(할머니가 아이에게 일기장을 준 이유는 무엇이었을까요?)
평가 질문: 인물이 한 행동이나 말에 대한 가치 판단을 묻는 질문입니다.
(할머니가 아이에게 한 행동은 적절하다고 생각하나요? / 나라면 어떻게 했을까요?)

아이들에게는 책보다 영상으로 된 작품들이 더 익숙할 수 있습니다. 따라서 책을 읽고 나서 책이 영상화된 자료들을 함께 보는 것도 좋습니다. 영화나 드라마, 뮤지컬 등으로 표현된 책을 보면서 아이는 다양하게 해석되는 책에 대해 더욱 매력을 느낄 것입니다.

아이의 독서 방식을 존중해주세요

책을 많이 읽는 아이를 둔 부모도 걱정하는 것이 있다면 '편독'일 것입니다. 특정 장르, 영역에만 치우쳐 책을 읽는 것이지요. 사실 아이들이 편독하는 것은 당연합니다. 책을 다양하게 읽어야 한다는 생각보다는 재미있어 보이는 책, 궁금증이 생겨 읽고 싶은 책을 집히는 대로 읽는 아이들이 많기 때문입니다. 특정 분야의 책만 많이 읽는 아이를 발견한다면, 혼내거나 다그치지 말고 천천히 독서의 영역을 확장해주는 것이 좋습니다. 우선 책 자체에 흥미를 느끼고 있음을 충분히 칭찬해주고 나서 다른 방향도 제시해주며 노출을 서서히 늘리는 것입니다. 흥미를 보이는 영역의 다른 장르나 같은 작가의 다른 작품을 소개해주며 아이의 독서 폭을 넓혀주는 것이 필요합니다.

이 세 가지 방법의 핵심은 '부모와 함께하는' 독서입니다. 부모가 먼저 아이에게 책을 읽는 모습을 보여주고, 다양한 책을 소개해주고, 아이와 함께 이야기를 나누는 것 자체로 아이는 책을 좋아하게 됩니다. 이번 주말은 아이와 함께 도서관 데이트를 떠나보는 건 어떨까요?

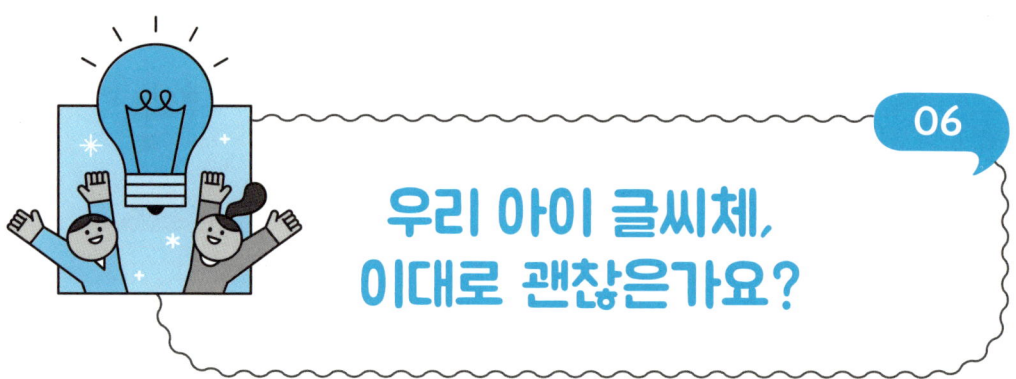

우리 아이 글씨체, 이대로 괜찮은가요?

06

아이들의 배움 공책, 국어책을 검사하다 보면, 글씨를 잘 못 쓰는 아이들이 참 많습니다. 컴퓨터와 스마트폰을 훨씬 많이 쓰게 되면서 손으로 글씨를 쓸 기회가 거의 없어 아이들의 글씨체가 엉망이 된 것이지요. 초등학교 중학년 시기부터는 한글을 완전히 익히며 자신만의 글씨체를 만들어 나가게 됩니다. 따라서 이 시기에 아직 삐뚤빼뚤한 글씨를 쓰거나 알아보기 힘든 글씨를 쓰는 아이가 있다면, 안 좋은 습관이 굳어지기 전에 글씨를 바르게 쓰는 연습을 꼭 해야 합니다.

가장 먼저 해야 할 일은 바르게 연필 잡는 법을 알려주는 것입니다. 올바른 연필 잡기가 아닌 자신만의 방법으로 연필을 잡는 아이들에게 물어보면, '연필 잡는 게 힘들어서', '내 방식대로 잡는 게 더 편해서'라고 이야기합니다. 실제로 반복적으로 연필을 잡고 글씨를 쓰는 것은 정신과 신체 발달의 기본이 되는 소근육을 강화하는 활동입니다. 어느 정도의 힘이 드는 것이 당연하지요. 이 사실을 기억하면서, 힘들더라도 자신이 편한 방법이 아니라 올바른 방법으로 연필 잡는 것을 꼭 배워야 합니다. 올바른 연필 잡기가 바른 글씨의 시작이기 때문입니다. 한번 굳어진 연필 잡는 습관은 정말 고치기 힘듭니다.

아이의 연필 잡는 모습을 잘 살펴보고, 올바른 방법이 아니라면 천천히 교정하도록 하는 것이 좋습니다. 처음에는 어색하고 힘들겠지만, 연필을 바르게 잡는 것만으로도 어느 정도의 악필은 고칠 수 있습니다.

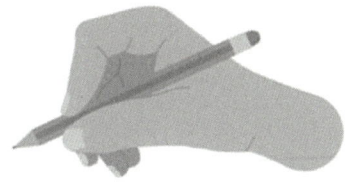

아이의 글씨체를 분석해보자

아이의 글씨가 삐뚤빼뚤하다면 그 까닭을 찾는 것이 중요합니다. 손에 힘이 없어 글씨가 날아가듯 쓰는 아이가 있는가 하면, 글자와 글자 사이가 너무 좁아 읽기 어려운 글씨를 쓰는 아이도 있습니다. 모음과 자음의 크기가 맞지 않아 글씨가 안 예쁘게 보일 수도 있지요. 아이가 쓴 글을 살펴보며 글씨가 바르지 않은 이유를 먼저 찾는 것을 추천합니다. 각 때에 따라 교정 방법이 달라지기 때문입니다.

우선, 손힘이 없어 글씨를 못 쓰는 아이가 있다면 진한 2B연필이나 4B연필을 활용해 선 긋는 연습을 하는 것이 좋습니다. 한 획마다 같은 힘을 주어서 긋는 연습을 하면서 모든 글자를 끝까지 바르게 적도록 하는 것입니다. 손힘이 없는 아이들은 보통 글씨를 빠르게 쓰는 경향이 있기에 한 문장을 쓰더라도 천천히 공을 들여 쓰는 연습을 해야 합니다.

초등학교에서는 보통 줄 공책을 쓰기 때문에 줄 간격은 잘 지켜 쓰는 아이들이 많습니다. 하지만 글자 간격이 너무 좁거나 너무 넓게 글씨를 쓰는 아이들은 '자음과 모음 사이의 거리', '글자와 글자 사이의 거리'를 일정하게 유지하는 연습을 해야 합니다. 이를 위해 모눈종이에 글을 써보는 것이 좋습니다. 한 글자 안에서 자음과 모음을 띄어 썼는지, 문장 내에서 띄어쓰기를 일정하게 했는지 등을 모눈종이 눈금을 통해서 스스로 파악하도록 하는 것입니다. 같은 문장을 여러 번 써서 차이를 비교해보면 자신의 글씨를 객관적으로 살펴보며 고쳐 나갈 수 있습니다.

한글도 정해진 모양이 있다

한글에도 모양이 있다는 사실, 알고 계셨나요? 받침 유무와 모음의 모양에 따라 글자의 형태가 달라집니다. 글씨체를 고치기 힘들어하는 아이에게는 기본 자형을 익히고 이에 따라 글씨를 쓰도록 하는 것이 더 쉬울 수도 있습니다. 모음을 자음보다 크고 길게 쓰면서 ◁형, △형, □형, ◇형을 지켜 쓰면 훨씬 반듯하게 글씨를 쓸 수 있습니다.

	받침이 없을 때	받침이 있을 때
세로 모음 (ㅏ, ㅑ, ㅓ, ㅕ, ㅣ)	◁형 서 이	□형 강 겹
가로 모음 (ㅗ, ㅛ, ㅡ/ㅜ, ㅠ)	△형 ◇형 요 부 그 슈	◇형 공 춤

아이가 가지고 있는 글씨 쓰는 습관을 짧은 시간 내에 바꾸기는 어려울 것입니다. 처음에는 삐뚤빼뚤한 아이의 글씨 속에서도 잘 쓴 글씨를 1~2개 골라 칭찬하며 격려해주는 것이 좋습니다. 그 글씨처럼 예쁘게 쓸 수 있도록 유도하는 것이지요. 부모와 함께 바르게 연필 잡는 연습, 자형에 따른 글자 쓰기를 연습하면서 반듯한 글씨를 쓰고자 꾸준히 노력한다면 쓰기도 편하고 보기에도 좋은 예쁜 글씨를 쓸 수 있을 것입니다.

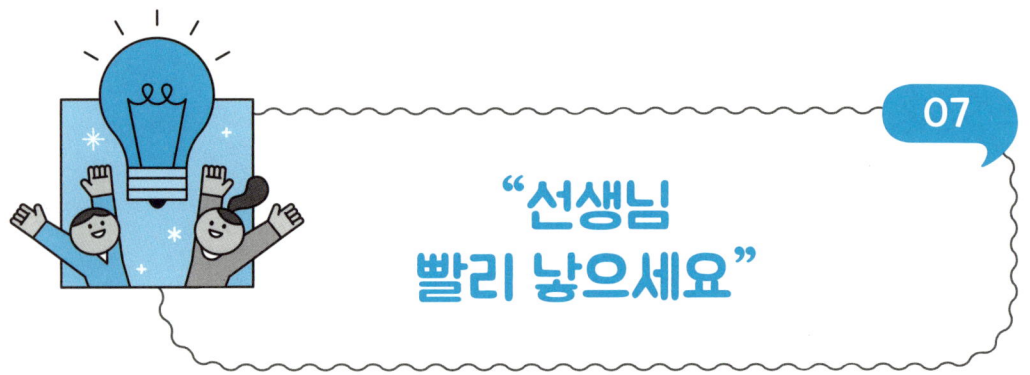

"선생님 빨리 낳으세요"

배움 공책과 글쓰기 숙제를 검사하다 보면 요즘 아이들의 맞춤법 실력이 심각하다는 것을 느끼게 됩니다. 물론 100퍼센트 정확한 맞춤법을 구사하는 건 어른에게도 어려운 일입니다. 게임을 '개임'으로 쓰는 아이가 있는가 하면 '채점'을 '체점'이라고 쓰는 아이도 있습니다. 하지만 이 시기에 맞춤법을 제대로 공부하지 않으면 고학년이 되어서도 고치기가 쉽지 않습니다. 오랫동안 사용해오던 표현이다 보니 자신이 쓰던 틀린 표현을 오히려 익숙하게 느끼는 것이지요. 따라서 아이가 쓴 글을 살펴보며 맞춤법을 지도해야 합니다.

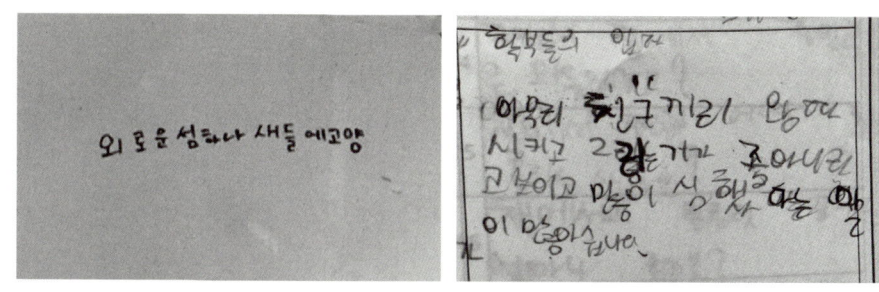

'새들에 고양', '많아습니다.' 등 맞춤법을 틀리는 학생들

맞춤법을 자연스럽게 습득하게 되는 필사

아이들의 맞춤법 교정을 위한 가장 쉬운 방법은 책이나 신문 등의 글을 필사하는 것입니다. 10칸짜리 공책에 책의 일정 부분을 베껴 쓰는 것이지요. 책은 나오기 전에 여러 사람, 과정을 거쳐 다듬어진 글이기 때문에 맞춤법 수준이 어느 정도 보장된 글입니다. 아이들이 따라 쓰는 것만으로도 올바른 맞춤법, 띄어쓰기 등을 습득하게 되지요. 아이가 좋아하는 책이 있다면 좋아하는 구절을 써도 되고, 유명한 소설을 골라 필사해도 됩니다.

아이들이 맞춤법을 틀리는 이유는 보통 그 단어를 잘 모르기 때문입니다. '굳이'라는 단어가 쓰이는 것을 많이 접하지 못했기 때문에 소리 나는 대로 '구지'라고 쓰는 쓰기도 하고, '괄호'를 익숙한 단어인 '가로'라고 쓰기도 합니다. 필사를 꾸준히 하다 보면 폭넓은 단어를 접하면서 이런 오류들이 조금씩 줄기 시작합니다. 여러 낱말이나 표현들을 눈으로 담고 손으로 쓰는 과정을 반복하면서 자연히 맞춤법을 습득하게 되는 것이지요. 공책

한 권에 매일 10분~20분씩 짧게라도 필사를 시작해보세요. 어휘력, 맞춤법 실력이 쑥쑥 오를 것입니다.

꼭 해야 하는 고쳐쓰기

수학 문제를 푼 후 검토하는 과정을 거치는 것처럼 글쓰기에도 고쳐쓰기 단계는 필수적입니다. '있어다', '올라와다', '있습니다', '화요리'. 실제로 아이들이 쓴 글 중 일부입니다. 각각 '있었다', '올라왔다', '있습니다', '화요일'을 잘못 쓴 것이지요. 이런 단어들의 경우 아이가 몰라서 틀렸다고 보기는 힘듭니다. 아이에게 이유를 물어보면 보통 '급하게 쓰느라', '대충 쓰느라' 실수한 것이라고 이야기합니다. 이런 오류들은 쓴 글을 소리 내어 다시 읽어보면 스스로 충분히 고칠 수 있습니다. 따라서 글을 쓴 후에는 아이가 스스로 읽어보면서 맞춤법에 맞게 썼는지를 점검하는 과정을 거치는 것이 필요합니다. 만약 아이가 모를 만한 맞춤법이라면, 부모가 아이의 글을 함께 읽으며 바로잡아주는 방법도 있습니다. 잘못 쓴 단어나 문장에 밑줄을 긋고, 올바른 맞춤법을 알려주는 것이지요. 두세 번의 반복만으로도 아이는 맞춤법을 충분히 습득할 수 있습니다.

중요한 건 꺾이지 않는 마음!

부모가 옆에서 여러 번 가르쳐줘도 아이들은 비슷한 맞춤법 실수를 반복합니다. 하지만 꼭 기억해야 하는 것은 맞춤법에 대한 과도한 지적이 오히려 아이의 글쓰기에 부정적인 영향을 끼칠 수 있다는 사실입니다. 맞춤법을 꼭 지켜 써야 한다는 생각에 집중하다 보면 아이들은 틀리는 게 두려워 글쓰기를 꺼리기도 하기 때문이지요. 맞춤법은 어른들에게도 어려운 영역입니다. 아이가 계속 맞춤법을 틀리더라도 혼내고 다그치기보다는 인내심을 가지고 여러 번 반복해서 가르쳐주는 것이 필요합니다. 맞춤법은 다른 사람이 쓴 글의 내용을 바르게 이해하고, 자기 생각을 글로 정확하게 표현하는 데 필요한 사회적 약속입니다. 아이가 이를 이해하고 스스로 맞춤법에 관심을 가지기 시작하는 순간, 오류는 눈에 띄게 줄어들 것입니다.

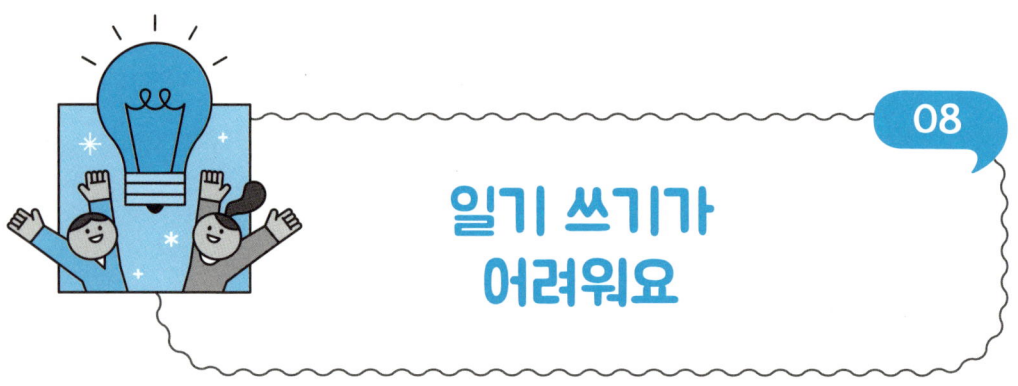

08 일기 쓰기가 어려워요

많은 아이가 '일기'를 쓰기 싫고, 끝까지 미루는 숙제라고 생각합니다. "너 일기는 썼니?", "얼른 일기 써."라는 말도 부모의 단골 잔소리 중 하나지요. 그런데도 학교의 많은 선생님이 일기를 과제로 냅니다. 왜일까요? 일기가 부모와 선생님, 아이 사이의 소통창구가 된다는 이유도 있지만, 일기는 그 자체만으로도 어휘력 향상, 글쓰기 실력향상 등의 다양한 장점이 있기 때문입니다. 무엇보다 일기는 아이가 스스로 자신의 기록을 남긴다는 측면에서 의미가 있습니다. 글감 찾기를 어려워하고, 일기 쓰기를 싫어하는 아이에게 알려주면 좋은 다양한 일기 쓰기 방법을 소개합니다.

이런 것도 일기가 된다고?

① 있었던 일을 쓰기

○월 ○일 월요일 오늘 날씨 맑음

오늘 아침 등교를 하는데 녹색 어머니 봉사하는 분들을 보았다. 아침에 아침밥을 챙겨주시는 것도 힘드실 텐데, 우리의 안전을 위해서 봉사하시는 모습을 보니 감동적이었다. 그래서 힘차게 인사를 했다. 그랬더니 녹색 어머니의 분께서 환하게 웃으며 "씩씩하게 인사 잘하네. 학교 잘 다녀와."하고 대답해주셨다. 아침부터 칭찬을 들어서 기분이 좋았다. 앞으로 감사하는 마음을 담아 자주 인사해야겠다고 다짐했다.

아이들이 흔히 '일기'라고 생각하는 형식입니다. 날마다 겪은 일이나 생각, 느낌을 적는 것이지요. 겪은 일을 쓸 때는 자기 생각과 감정을 담아 쓰는 것이 좋습니다. 아이에게 "어떤 생각이 들었어?", "그때 너의 마음은 어땠니?"와 같은 질문을 하여 아이가 감정을 표현할 수 있도록 돕는 것이 필요합니다.

② 배운 내용을 정리하는 학습 일기

○월 ○일 화요일 오늘 날씨 구름 많음

오늘 사회시간에 4·19혁명에 대해 배웠다. 4·19혁명은 처음에 이승만 대통령이 3월 15일 부정선거를 치르면서부터 시작됐다. 그러다 부정선거에 반발한 사람들과 함께 마산 시내에서 시위하던 김주열이 실종되는 사건이 발생했다. 결국, 얼굴에 총알이 박힌 김주열의 시신이 마산 앞바다에서 발견되면서 전국으로 시위가 더 퍼졌고, 이를 4·19혁명이라고 부른다. 이 결과로 이승만 대통령은 하야하게 되고, 이것이 우리나라 민주주의의 첫 시작이다. 사회 수업을 듣고 나서 대한민국에 다시는 이런 끔찍한 일이 일어나지 않았으면 좋겠다고 생각했다. 그리고 나 같은 초등학생들도 나가서 시위했다는데, 그 당시의 초등학생들이 대단하다고 느꼈다.

배움 공책과 비슷한 형식의 학습 일기입니다. 학습 일기는 배운 내용을 복습할 수 있고, 그에 대한 자기 생각을 정리하며 배움의 폭이 넓어지는 효과가 있습니다. 예시로 든 사회 과목뿐만 아니라 과학, 수학, 국어 등 다양한 과목을 골라 학습 일기 형식으로 쓸 수 있지요. 오늘 배운 시간표를 살펴보며 학습 일기로 쓸만한 것이 있는지 찾아보는 것이 도움이 됩니다.

③ 주위 사람들 인터뷰하기

○월 ○일 수요일 오늘 날씨 흐림

오늘은 오랜만에 사촌 언니를 만나서 인터뷰를 해보았다.

아린: 첫 번째 질문. 고등학생이 되고 달라진 점은 무엇인가요?

사촌 언니: 수업 시간이 길어졌다! 수업 시간이 50분이나 돼서 힘들어.

아린: 정말 그렇구나. 우리는 40분만 하는데. 고등학생이 되고 나서 가장 좋은 점이나 싫은 점은?

사촌 언니: 이건 좀 고민이 되네. 좋은 점은 잘 모르겠고, 안 좋은 점은 대학이랑 바로 연결돼서 시험에 대한 부담이 커졌어.

아린: 고등학교 다음은 대학이니까 그럴 것 같아. 그럼 다음 질문은 초등학생 때로 돌아갈 수 있다면?

사촌 언니: 지금은 이해할 수 없겠지만 영어 단어 조금이라도 외우기? 고등학교에 오니 영어가 너무 힘들어.

아린: 말도 안 돼! 벌써 영어 단어를 외우라고? ㅠㅠ 슬프다. 마지막 질문은 언니네 고등학교 자랑 1가지만 해줘.

사촌 언니: 선생님들이 다 좋으셔! 그래서 학교 가는 게 즐거워.

이렇게 인터뷰를 해보니까 언니가 다니는 고등학교가 더 궁금해졌다. 아무래도 지금 초등학생 때가 더 좋은 것 같다. 언니는 영어 단어를 더 외우라고 했지만 나는 열심히 놀아야겠다고 생각했다.

주위 사람들을 인터뷰하는 것은 아이에게 재미있는 일기 소재가 될 수 있습니다. 친한 친구를 인터뷰할 수도 있고, 부모님이나 선생님을 인터뷰할 수도 있지요. 인터뷰 질문을 생각하는 것부터 다른 사람의 이야기를 듣는 것까지, 모든 과정이 아이가 타인과 사회를 이해하는 연결고리가 됩니다. 처음에는 인터뷰 질문 만들기를 어려워할 수 있으니 부모가 옆에서 도와주고 생각을 물꼬를 틀어주는 것이 필요합니다.

④ 읽은 책에 관해 독서일기 쓰기

○월 ○일 목요일 오늘 날씨 햇빛 쨍쨍, 미세먼지 많음

오늘 드디어 《햇빛초 대나무 숲에 새 글이 올라왔습니다》 책을 다 읽었다. 날이 따뜻해서 도서관 테라스에 앉아서 읽었더니 기분이 좋았다. 민설이와 유나가 어떻게 될지 마음을 졸이면서 읽었는데 다행히 해피엔딩이다. 나는 이 책을 읽으면서 만약 우리 학교에 대나무 숲이 있다면 어땠을까? 하는 상상을 하게 됐다. 그리고 내가 그 대나무 숲 주인이면 어떻게 했을까? 하는 고민도 했다. 대나무 숲처럼 익명으로 이야기를 할 수 있는 공간은 장점도 있고 단점도 있는 것 같다. 그래도 만약 거기에 거짓 정보가 올라와서 사람들이 그걸 믿는다면 민설이와 유나가 겪은 일처럼 끔찍한 일이 일어날 수 있으니까 나는 대나무 숲은 이용하지 않을 것 같다. 책에서도 햇빛초 대나무 숲이 이제 사라져서 다행이라고 생각했다. 저번에 내 짝꿍 현서가 익명으로 인터넷에

댓글을 단다는 말을 했었는데, 이 책을 현서에게 소개해주면 어떻게 생각할까 궁금하다.

독서일기는 책을 읽고 쓰는 독서록과 비슷한 일기입니다. 줄거리를 요약해도 되고, 인상 깊은 장면을 쓸 수도 있지요. 책을 읽고 자신이 얻은 교훈은 무엇인지, 궁금한 점이나 책에 대한 한 줄 평을 적는 것도 좋습니다.

⑤ 쓰고 싶은 사람에게 편지쓰기

○월 ○일 금요일 오늘 날씨 화창함

어제 내 단짝 친구 준수가 다른 학교로 전학을 갔다. 학교에서 준수를 다시 볼 수 없다고 생각하니 슬퍼서 준수에게 편지를 쓰기로 했다. 잘 적으면 엄마께서 준수에게 전달해주겠다고 하셨다.

준수에게

준수야 나 지호야. 우리가 1학년 때부터 친구였는데 이제 네가 다른 학교로 전학 가서 앞으로 못 본다고 생각하니까 너무 슬퍼. 3학년 때 놀이터에 타임캡슐 묻었던 거 기억나? 초등학교 졸업하는 날 같이 열어보기로 했었는데. 우리 졸업식 날 꼭 와. 같이 열어보자. 전학 가는 학교에는 아는 친구도 없고 심심할 텐데 나한테 자주 연락

> 해. 게임에서라도 만나자. 거기서도 적응 잘하고 친구도 많이 사귀고 공부 열심히 해! 다음에 꼭 연락해서 보자. 안녕.
>
> 지호가

편지는 마음을 전달하는 수단인 만큼 일기에 녹여 쓸 수 있습니다. 편지를 쓰고 싶은 대상을 떠올린 후 자기 생각이나 마음을 담아 편지를 쓰는 것이지요. 독서일기와도 결합해 책을 읽은 후 책의 주인공에게 편지를 쓰는 방법도 있습니다. 일기에 쓰는 편지는 꼭 보내지 않아도 되기 때문에 부끄러워서 차마 전하지 못했던 말들을 쓸 수도 있습니다.

⑥ 그림일기 쓰기

어렸을 때 쓰던 그림일기의 형식도 좋지만, 가끔은 네 컷 만화나 있었던 일을 그림과 함께 나타내 일기를 쓰는 방식을 사용할 수 있습니다. 그림 그리기를 좋아하는 아이들은 이런 방법으로 일기 쓰기에 흥미를 붙일 수도 있지요. 핸드폰으로 자신의 사진을 보며 따라 그리거나 체험학습을 하러 다녀온 후 일기와 함께 본 풍경을 그리는 것은 글을 더욱 풍부하게 만드는 방법의 하나입니다.

⑦ 동시 짓기

○월 ○일 일요일 오늘 날씨 비

오늘도 오빠가 나를 부르고 나서는 심부름만 시켰다. 오빠는 내 이름을 심부름시킬 때만 부르는 것 같다. 아빠한테 짜증을 냈더니 아빠가 그래도 가끔 아빠 없을 때 라면 끓여주니까 고마워하라고 하셨다. 생각해보니 그런 것 같기도 하다.

우리 오빠

김서연

김서연! 이리 와봐.
왜?
불 좀 꺼줘

김서연! 이리 와봐.
왜?
물 좀 떠다 줘

김서연! 이리 와봐.
왜?
문 좀 닫아줘

매일 내 이름을 부르는
우리 오빠

매일 심부름만 시키는
우리 오빠

그래도 가끔
라면 끓여줘서 고마운
우리 오빠

시 짓기는 아이들이 좋아하는 일기 쓰기 형식 중 하나입니다. 이유를 물어보면 허무하게도, '조금만 써도 되니까'라고 하는 아이들이 많지요. 하지만 시 짓기만큼 아이들의 창의력과 감수성에 도움이 되는 것도 없습니다. 오늘 하루 동안 있었던 일을 떠올리며 시를 지어도 되고, 평소에 느끼는 감정이나 생각을 토대로 시의 소재를 떠올릴 수도 있습니다. 아이와 함께 많은 동시집을 읽고 이야기를 나누어 아이의 풍부한 상상력을 키워내는 것을 추천합니다.

즐거운 일기 쓰기를 위한 부모의 역할

즐거운 일기 쓰기를 위해 가장 중요한 것은 아이의 마음에 공감하는 것입니다. 아이가 느낀 감정, 아이가 낸 아이디어를 열린 마음으로 그대로 수용하는 것입니다. 부정적인 피드백을 주는 것보다는 글을 쓴다는 행위 자체에 초점을 두고 격려하다 보면, 글쓰기 실력이 향상되며 점차 좋은 글을 쓰는 아이의 모습을 볼 수 있을 것입니다. 아이가 일기를 쓰기 힘들고 어려운 것이라고 느끼지 않도록 앞서 소개한 다양한 일기의 형식을 보여주며 아이와 이야기를 나누어보는 것을 추천합니다. 일기 쓰는 시간이 '하기 싫은 숙제를 억지로 하는 시간'이 아닌 '일상을 소중히 담는 시간'이 되기를 바랍니다.

09 학교 숙제, 어디까지 도와줘야 할까?

선생님은 다양한 이유로 아이들에게 숙제를 부여합니다. 시간이나 공간의 제약으로 인해 교실에서 수행하기 어려운 활동을 숙제로 내주기도 하고 학교 수업과 관련하여 학생이 스스로 활동해볼 수 있는 과제를 제시하기도 합니다. 학교에서 제시한 숙제에 대하여 학생들은 다양한 모습을 보입니다. 학교 숙제를 혼자서도 척척 해내는 학생이 있는가 하면 혼자서 숙제를 하는 것이 버거워 제대로 해결하지 못하는 학생이 있습니다. 심지어 숙제 자체를 귀찮게 여겨 불성실하게 행동하는 학생도 있습니다. 숙제를 어려워하거나 귀찮아하는 학생들에게는 부모님의 도움이 필요합니다. 여기에서는 숙제를 어려워하는 아이들에게 부모가 어느 수준까지 도움을 제공하는 것이 바람직한지 알아보도록 하겠습니다.

자신의 숙제는 스스로 할 수 있도록

자녀가 숙제를 버거워할 때 자녀에게 도움을 주는 부모님의 유형은 다음 세 가지로 나뉩니다. 첫 번째는 자녀의 숙제를 대신 해주는 유형입니다. 여기에 속하는 부모님은 숙제 결과물의 질이 떨어지면 아이에게 좋지 않다고 생각하기 때문에 자녀의 숙제를 대신 해줍니다. 또는 아이가 숙제를 할 수 있도록 도와주는 것보다 대신 해주는 것이 오히려 편하기 때문에 이러한 행동을 합니다. 두 번째는 자녀가 숙제를 완성할 수 있도록 옆에서 도움을 제공하는 유형입니다. 자녀가 어려워하는 부분에 대해서 조언을 해주지만 과제에 직접적으로 참여하지는 않습니다. 세 번째는 자녀의 숙제를 방치하는 유형입니다. 부모님이 아이의 숙제를 확인해줄 수 없을 만큼 바쁘거나 아이의 숙제를 어떻게 도와주어야 할지 모를 때 이러한 경우가 발생합니다.

아이를 교육함에 있어 학교와 가정의 공통적인 목표는 '아이의 성장'이 되어야 합니다. 위에서 살펴 본 유형 중에서 첫 번째와 세 번째에 속하는 부모님은 아이의 성장을 돕지 못하고 있습니다. 반면 두 번째 유형의 부모님은 아이의 성장을 촉진하고 있습니다. 이러한 유형의 부모님이 아이를 성장시킬 수 있는 이유는 바람직한 '조력자'의 역할을 수행하고 있기 때문입니다.

아이는 초등학교를 다니는 동안 자기주도적으로 학습하는 태도를 길러야 합니다. 이러한 태도를 바탕으로 스스로 지식을 탐구하고 활용하는 역량을 기른다면 아이는 변화하는 미래 사회에 발빠르게 적응하며 살아갈 수 있습니다. 아이가 그러한 방향으로 성장해 나가기 위해서는 학교와 가정이 아이의 든든한 조력자 역할을 수행해야 합니다. 아이에게 바람직한 학습 방향을 제시하고 이와 동시에 아이가 학습의 과정에 주도적으로 참여할 수 있는 기회를 충분히 제공해야 합니다. 섣불리 아이에게 과도한 도움을 제공하는 것은 아이의 학습 기회를 박탈하는 행위입니다. 자신이 직면한 과제에 대해 충분히 고민하고 탐구할 수 있는 시간을 보장하는 것은 아이가 한 단계 도약할 기회를 제공하는 것입니다.

아이가 과제를 수행함에 있어 어려움을 호소하고 문제 해결의 실마리를 찾지 못한다면, 그때 부모님은 아이에게 적절한 조언이나 정보를 제공해야 합니다. 여기에서 유의할 점은 문제 해결에 직결되는 정보를 제공하는 것이 아니라 문제 해결의 단서가 되는 정보를 제공해야 한다는 것입니다. 바람직한 조력자의 역할은 아이의 수준과 과제의 수준 차이를 아이의 노력과 끈기에 의해 극복 가능한 정도로 유지해주는 것입니다.

부모님이 숙제를 직접 해결해버리거나 방치하는 것은 아이가 자기주도적인 학습습관을 형성하는 데 방해가 됩니다. 학습의 주체는 아이가 되어야 합니다. 숙제가 어렵다는 이유로 누군가가 아이의 숙제를 대신 해준다면 아이는 앞으로도 자신의 숙제를 타인이 대신 해줄 수 있다는 기대를 갖게 됩니다. 아이는 현재 자신의 수준보다 약간 높은 단계의 과업을 수행하며 성장해 나갑니다. 그래서 우리는 아이에게 적절한 수준의 과업을 제시하고 아이가 그것을 해결할 수 있도록 독려해야 합니다. 그런데 누군가에게 기대고 싶은 마음을 갖게 된 아이는 현재의 수준보다 높은 과업을 마주했을 때 끈기 있게 도전하지 못합니다. 조금이라도 어려운 부분이 느껴지면 금세 포기해버리고 맙니다.

　아이의 숙제를 방치하는 것 또한 아이의 성장을 저해하는 요소입니다. 과제를 완성하지 못한 아이는 학교에서 숙제를 하지 않은 아이로 분류됩니다. 반복되어 숙제를 하지 않는 아이로 분류되면 아이는 숙제를 하지 않는 자신에게 익숙해지고, 그러한 태도로 학교생활을 하는 관성이 생겨 버립니다. 아이들은 성공의 경험을 통해 성장할 수 있습니다. 성공의 경험은 아이의 자존감을 상승시키고 자신이 무엇이든 해낼 수 있다는 자기 효능감을 불어 넣습니다. 반면, 실패의 경험이 누적되면 패배의식이 생기고 학습에 대한 의지와 동기를 잃는 무기력증에 빠질 수 있습니다. 학교에서 숙제를 하지 않은 아이로 분류되는 것은 일종의 실패 경험입니다. 아이가 최대한 많은 성공의 경험을 쌓을 수 있도록 가정에서 아이에게 적절한 도움을 제공해야 합니다.

자녀의 숙제는 이렇게 도와주세요

　수학 교과의 숙제는 일반적으로 수학 문제를 해결하는 것입니다. 아이는 숙제를 통해 수업 시간에 학습한 수학적 원리를 적용해보는 기회를 갖게 됩니다. 만약 아이가 문제 해결에 어려움을 느낀다면 먼저 아이가 수학적 원리를 충실히 탐구했는지 짚어봐야 합니다. 잘못된 학습 방식을 습득한 아이는 수학적 원리가 도출되는 '과정'을 경시하고 원리를 문제에 적용하는 '방법'에만 초점을 두는 경향이 있습니다. 기본 수준의 문제를 풀 때는 이러한 학습 방식에 한계가 드러나지 않지만, 심화적 사고력을 요하는 문제에 직면했을 때는 아이가 문제 해결에 어려움을 느낄 수밖에 없습니다. 따라서 아이가 문제 해결에 어려움을 느낄 때는 문제와 관련된 수학적 원리를 다시 한번 탐구할 수 있게 도와주세요. 수학적 원리를 도출하는 과정을 거치면서 문제 해결에 대한 실마리를 얻을 수 있으며 이를 통해 문제를 스스로 해결해 나갈 수 있습니다.

사회 교과의 숙제는 주로 사회 현상에 대해 조사하는 것입니다. 사회 시간에 학습한 개념과 관련된 사례를 조사하여 우리 주변에서 그러한 개념이 어떤 모습으로 적용되고 있는지 살펴보는 것이 목적입니다. 예를 들어 사회 수업 시간에 '중심지'에 대해 배웠다면 우리 고장의 중심지는 어느 곳이고 어떤 모습을 하고 있는지 조사하는 것이 숙제로 부여될 수 있습니다. 직접 답사를 해야 하는 경우라면 장소 이동 등을 위해 부모님의 적극적인 도움이 필요합니다. 답사할 장소는 아이가 직접 선정하게 하되 그 장소가 주제와 연관성을 가지고 있는지 확인해주어야 합니다. 만약 주제와 연관성이 떨어지는 답사 장소를 선택했다면 해당 사회 개념을 아이가 다시 상기해볼 수 있도록 하는 것이 좋습니다. 한편, 아이가 직접 답사하지 않고 온라인을 통해 조사할 수 있는 경우도 많습니다. 아이가 온라인 통해 과제를 수행할 때는 아이에게 컴퓨터나 태블릿PC 등 정보통신기기 사용 방법을 알려주고 정보를 탐색할 수 있는 경로에 대해 알려주어야 합니다. 그리고 아이가 찾은 정보가 최신 정보인지, 신뢰할 수 있는 출처를 가지고 있는지 함께 확인해 보는 것이 좋습니다.

부모님이 아이의 미술 숙제를 바람직한 방법으로 돕기 위해서는 미술 교과의 목표에 대해 이해할 필요가 있습니다. 초등학교 미술 교과는 아이들이 다양한 미적 체험을 바탕으로 자신의 생각과 느낌을 표현하고 감상하며, 자신과 세계를 이해하는 것에 교육 목표를 두고 있습니다. 따라서 부모님은 아이가 미술 과제를 수행할 때 자신의 생각과 느낌을 창의적으로 표현하는 것에 초점을 맞추도록 유도해야 합니다. 간혹 자신의 미술 작품이 아름답지 않다며 미술에 대한 흥미와 자신감을 잃는 아이가 있습니다. 부모님은 자녀가 이러한 이유 때문에 미술에 대한 부정적 인식을 형성하지 않도록 자신의 생각과 느낌을 창의적으로 표현하는 것에 미술 활동의 목적이 있음을 강조해주어야 합니다. 동시에 미술 작품 제작 방법에 대하여 쉽게 적용할 수 있는 조언을 제공해준다면 미술에 대한 아이의 자신감을 향상시키는 데 큰 도움이 될 것입니다. 예를 들어 밑그림을 그릴 때 사용했던 연필 자국을 지우게 하거나, 수채화의 물을 적절하게 조절할 수 있도록 돕는 일 등은 아이가 자신의 미술 활동에 대해 만족감을 느낄 수 있도록 기여할 것입니다.

10 학급 임원 선거에서 당선되는 법

학급 임원 선거는 언제부터 시작되나요?

학생들에게 학급 임원의 역할을 맡기는 시기는 학교마다 다릅니다. 1~2학년부터 학급 임원을 선출하는 학교가 있는가 하면 3학년 또는 4학년부터 학급 임원을 선출하는 학교도 있습니다. 최근에는 3학년이나 4학년 때부터 학급 임원을 선출하여 학급 자치를 운영하는 경우가 많아지고 있는 것 같습니다. 학급 임원을 선출하지 않는 학년의 경우에도 학급 임원 제도를 운영합니다. 단, 선거를 통해 임원을 선출하는 방식이 아니라 윤번제로 학급 임원의 역할을 부여하는 방식으로 운영합니다. 아이들은 특정 기간별로 학급 임원을 맡아 임원으로서 역할을 경험하게 됩니다.

학급 임원만이 얻어갈 수 있는 것

　학급 임원은 선생님과 자연스럽게 좋은 관계를 형성할 수 있습니다. 담임 선생님과 좋은 관계를 형성하는 것은 학교 생활에서 가장 중요한 일임과 동시에 가장 어려운 일일지도 모릅니다. 특히 내향적인 아이들은 1년이 지나도록 선생님에게 먼저 다가오지 않는 경우도 흔합니다. 이러한 아이들은 선생님이 먼저 다가간다 해도 마음의 문을 좀처럼 열지 못하고 거리를 둡니다. 하지만 이것은 선생님과 가까워지고 싶지 않기 때문이 아니라 선생님과 자연스럽게 대화할 수 있는 기회가 없기 때문입니다. 학급 임원이 된다면 자연스럽게 선생님과 소통해야 할 일이 많아집니다. 선생님에게 특별한 지시를 받기도 하고 선생님과 협력하여 학급의 일을 해결해야 할 때도 있습니다. 선생님과의 대화가 늘어나면서 친밀감이 쌓이고 깊은 관계를 형성해 나갑니다.

　학급 임원이 된 아이는 통솔력을 기를 수 있습니다. 학급 임원은 학급의 대표가 되어 일을 진행하거나 친구들을 이끌어 집단의 목표를 달성해야 하는 경우가 많습니다. 특히 학급을 소규모 단위로 나누어 학습 활동을 하거나 학급 자치회를 운영하는 경우에 그러한 역할을 맡습니다. 그런데 학급 친구들은 생각보다 학급 임원의 말을 쉽게 수용하지 않습니다. 선생님이 아닌 또래 친구가 자신을 이끌어 가려고 하는 것에 반감이 들기 때문입니다. 이것을 극복하는 과정에서 학급 임원은 친구들이 자신을 믿고 따르게 하는 방법을 터득하게 됩니다. 임원이 된 학생은 친구들 앞에서 우왕좌왕하지 않고 점점 더 명료한 태도로 방향을 제시해 나갑니다. 무엇인가를 결정할 때는 모두가 인정할 수 있는 원리와 원칙을 빠르게 파악하여 일관되게 적용합니다. 그리고 사람들을 공평하고 공정하게 대해야 한다는 것을 깨닫습니다. 학급 임원은 이러한 것들이 친구들에게 신뢰를 얻고 자신을 믿고 따르게 하는 방법이라는 것을 배워갑니다.

학급 임원은 자주적인 삶의 태도를 학습하게 됩니다. 학급 임원의 역할은 학급 자치회를 운영하고 전교어린이회에 참석하는 것입니다. 이러한 활동으로 인해 학급 임원은 교실에서 발생하는 문제를 해결하기 위해 고민하고 학교와 학급이 발전할 수 있는 방향을 생각하게 됩니다. 더 나은 방향을 위해 제시한 자신의 아이디어가 받아들여지고 구체화되어 다른 학생들에게 적용되는 경험을 할 수 있습니다. 자치의 의미를 알게 되면서 타인이 만들어 놓은 규칙과 제도에 맞춰 의심 없이 생활하던 자신의 모습이 바람직하지 않은 것임을 깨닫게 됩니다. 건강하게 성장하기 위해서는 자기 스스로를 들여다보고 자신에 대한 일을 주체적으로 결정할 수 있는 태도가 필요함을 학습하게 됩니다.

학급 임원 선거에서 당선되는 방법

첫째, 일상생활에서 학급 친구들에게 신뢰를 쌓아야 합니다. 학급 임원 선거 기간에 아무리 좋은 모습을 보인다고 해도 평소 친구들에게 신뢰할 수 있는 모습을 보이지 못했다면 그 아이는 선거에서 당선될 수 없습니다. 학급 친구들은 서로가 어떤 사람인지에 대해 이미 알고 있습니다. 따라서 평소에 바르게 생활하는 것이 친구들에게 호소할 수 있는 최고의 소견 발표입니다. 먼저 자기 관리를 철저히 하고 주변 정리를 잘해야 합니다. 철저한 자기 관리를 바탕으로 자신의 일을 성실하게 하는 아이는 친구들에게 믿음을 줄 수 있습니다. 다음으로 항상 친구들을 배려해야 합니다. 학급의 대표를 뽑은 학생들은 후보의 능력을 고려함과 동시에 후보의 도덕적 품성을 중요하게 생각합니다. 늘 배려하고 양보하는 아이는 친구들에게 도덕적 측면에서 인정받는 후보가 될 수 있습니다.

둘째, 학급 임원 선거를 위해 준비된 모습을 보여주어야 합니다. 아이들은 선거에 대한 준비성을 통해 후보가 앞으로 우리 반을 위해 얼마나 성실하게 활동할 것인지를 예상하게 됩니다. 꼭 거창한 무엇인가를 준비해야 하는 것은 아닙니다. 조그마한 것이라도 선거를 위해 미리 준비해 오는 모습은 친구들에게 자신이 얼마나 진지한 자세로 임원 선거에 참여하고 있는지 느끼게 합니다. 예를 들어 자신의 공약을 스케치북에 그려서 친구들이 자신의 공약을 제대로 볼 수 있게 해주는 것만으로도 그 후보의 성실성에 대한 점수는 매우 높아집니다. 사실 이 정도의 준비성을 보여주는 것은 크게 어렵지 않습니다. 자녀가 학급 임원 선거에 출마하게 된다면 조그마한 것이라도 미리 준비할 수 있도록 조언해주시기 바랍니다.

셋째, 참신한 공약 발표를 준비해야 합니다. 학급 임원 선거에서 아이들의 공약 발표를 듣다 보면 지루함을 느낄 때가 많습니다. 모든 후보의 공약이 비슷하게 들리기 때문입니다. 이는 공약을 발표하는 화법이 비슷하고, 제시하는 공약 또한 구체적이지 않아 일어나는 현상입니다. 대부분의 아이들은 이러한 방식으로 공약을 발표합니다.

"안녕하십니까? 저는 이번 ○학년 ○반 회장 선거에 나온 ○○○입니다. 제가 만약 회장이 된다면 교실을 깨끗하게 만들겠습니다. 또 친구들이 사이좋게 지낼 수 있도록 하겠습니다."

이와 같은 방식은 친구들의 주의를 끌지 못합니다. 친구들에게 자신을 인상적으로 각인하기 위해서는 참신한 화법이 필요합니다. "여러분, 저를 회장으로 뽑지 마시기 바랍니다."로 시작되는 공약 발표는 어떻습니까? 저 후보에게 순간적으로 호기심을 느끼지 않나요? 자신을 타 후보들과 차별화할 수 있는 방법을 반드시 고민해야 합니다.

공약의 내용은 구체적일수록 참신하게 느껴집니다. 대부분의 아이들이 뜬구름 잡는 공약을 내세웁니다. "교실을 깨끗하게 만들겠습니다.", "친구들이 사이좋게 지낼 수 있도록 하겠습니다."라는 공약에는 흥미를 느끼지 못합니다. 예를 들어 "친구들이 사이좋게 지낼 수 있도록 친구에게 감사 편지 쓰기 이벤트를 월 1회 실시하겠습니다."라는 공약은 어떤가요? 순간 편지 쓰기 이벤트를 실시하는 모습이 떠오르지 않았나요? 이러한 공약은 친구들의 상상력을 자극하고 친구들에게 편지 쓰기 이벤트를 기대하는 마음을 심어주게 됩니다.

친구 관계, 성향이 보이기 시작하는 시기

　초등학교 학부모 상담 기간에 교사가 가장 많이 듣는 질문은 무엇일까요? 여러 가지 질문이 있지만 그중에서도 교우 관계에 대한 질문은 항상 빠지지 않습니다. 대부분의 부모님들은 아이의 교우 관계에 대해 많은 관심을 가지고 있으며 아이가 바람직한 친구 관계를 맺고 있는지에 대해 걱정하고 있습니다. 우리 아이는 학급에서 어떤 친구들과 사귀며 관계를 맺고 있을까요?

　성인들은 어떤 사람과 살아온 환경, 직업, 정치적 신념, 신앙, 관심사 등이 달라 공통의 대화 주제를 찾지 못하면 그 사람과의 관계를 깊게 발전시키지 못합니다. 함께 대화할 주제가 없다면 생각이나 감정 등의 공유가 어렵고 내적 친밀감을 쌓기가 어렵기 때문입니다. 반면 초등학교 아이들 사이에는 서로에게 친구가 되지 못할 이유가 많지 않습니다. 무슨 일이든 새롭게 관심을 가질 수 있고, 처음 겪는 일도 함께 시도해볼 수 있습니다. 또한 같은 교실에서 매일 마주하며 생활하기 때문에 서로에게 자연스럽게 익숙해지고 정이 쌓입니다. 따라서 아이들에게는 친구를 사귀는 일이 성인들에 비해 어렵지 않습니다.

그럼에도 불구하고 3학년이 된 아이들은 자신만의 성향을 나타내기 시작하고 각자의 성향에 따라 친구 관계를 형성합니다. 여러 친구들과 스스럼없이 지내는 아이도 있고 소수의 친구와 교류하는 것이 편한 아이들도 있습니다. 소위 말하는 외향적인 아이와 내향적인 아이입니다. 내향적인 아이 중에서는 책이나 게임 등에 몰두하며 좀처럼 친구에게 관심을 두지 않는 것처럼 보이는 아이도 있습니다.

우리 아이는 어떠한 성향을 보이나요? 어떤 강점과 약점을 가지고 있을까요?

여러 친구들과 두루 어울리는 외향적인 아이

우리 아이가 반에서 다양한 친구들과 어울리고 새로운 친구를 잘 사귄다면 외향적인 성향을 지녔을 확률이 높습니다. 외향적인 아이는 그렇지 않은 아이에 비해 한 가지 일을 매우 잘합니다. 그것은 바로 타인에게 대화를 시도하는 일입니다. 대부분의 사람들은 누군가가 자신에게 말을 걸어줄 때 이를 반갑게 여깁니다. 자신에게 먼저 다가와주는 사람에게 호의를 느낄 수밖에 없습니다. 그 지점에서부터 아이들의 관계는 시작됩니다. 외향적인 아이들은 관계를 시작하는 강력한 힘을 지녔기 때문에 많은 친구를 사귈 수 있으며 새로운 집단에서 초기에 빠르게 적응할 수 있습니다.

외향적인 아이에 대해 한 가지 살펴야 할 점은 '세심함'입니다. 외향적인 아이는 내향적인 아이에 비해 세심함이 떨어지는 경향이 있습니다. 물론 모든 아이가 그런 것은 아닙니다. 하지만 일반적으로 외향적인 아이의 에너지는 외부 세계를 향해 뻗어 나가기 때문에 마음속 깊은 곳에서 일어나는 심리 변화를 감지하지 못할 때가 있습니다. 이러한 부분은 친구 사이에 갈등이 발생하는 원인이 되기도 합니다. 외향적인 아이의 다소 섬세하지 못했던 말이나 행동으로 인하여 상처를 받은 아이들이 생길 때가 있습니다. 문제는 외향적인 아이들이 친구가 받은 마음의 상처에 대해 전혀 인지하지 못하는 경우가 많다는 것입니다. 이러한 문제가 지속된다면 친구 관계에 부정적인 영향을 줄 수 있습니다. 외향적인 아이가 세심하게 타인의 마음을 살피고자 노력한다면 학교 생활 내내 좋은 교우관계를 형성하고 유지할 수 있을 것입니다.

소수의 친구들과 어울리는 내향적인 아이

내향적인 아이들은 외향적인 아이와 반대되는 강점과 약점을 지니고 있습니다. 내향적인 아이들은 에너지의 방향이 내부로 향하기 때문에 생각과 고민이 많고 신중하게 행동하는 경향이 있습니다. 그만큼 친구의 마음을 세심하게 배려하여 갈등의 원인이 되는 일을 만들지 않도록 노력합니다.

그렇기 때문에 이 아이들은 친구와의 관계를 유지하는 것에 강점을 지니고 있습니다.

또한 내향적인 아이들은 친구 관계에 덜 집착하는 경향이 있습니다. 혼자서 보내는 시간이 자신의 에너지를 충전하는 데 도움이 되기 때문에 항상 누군가와 함께 있어야 한다는 강박이 없습니다. 그러므로 사소한 일에서 지레 소외감을 느끼며 자신에게 상처를 주는 일을 하지 않습니다. 혼자 시간을 보내더라도 개의치 않고 독립적으로 자신의 잠재력을 성장시키기 위해 꾸준히 노력해 나갑니다.

내향적인 아이들은 새로운 친구를 사귀는 일에 시간이 조금 더 걸립니다. 여러 사람 앞에 나서서 발표하거나 다수가 있을 때 자신의 의견을 제시하는 것에 어려움을 느낍니다. 주목받는 것을 부끄럽고 어색하게 느끼기 때문에 여러 사람이 있을 때 자신을 드러내지 않습니다. 친구 관계에서도 마찬가지입니다. 낯선 친구에게 먼저 다가가지 않을뿐더러 다수가 있는 곳에서는 자신의 의사표현을 좀처럼 하지 않습니다. 이와 같은 모습은 같은 반 친구들에게 다소 방어적으로 보일 수 있고 누군가 먼저 다가오려고 할 때 주저하게 되는 요소가 될 수 있습니다.

내향적인 아이들에게는 가벼운 대화법을 활용하는 것이 필요합니다. 구체적인 목적을 가지고 대화를 시작하는 것이 아니라 가벼운 마음으로 친구들과 몇 마디 나누는 것입니다. 먼저 인사를 건네고 한 가지 질문을 하는 것만으로도 충분합니다. 단, 상대의 대답이 단답형으로 끝나는 것이 아니라 구체적인 대답이 나올 수 있는 질문을 하는 것이 좋습니다. 이러한 스몰토크(Small Talk)는 새로운 친구 관계 형성에 큰 도움이 될 수 있습니다.

친구들과 좀처럼 어울리지 않는 아이

쉬는 시간에 아이들의 모습은 다양합니다. 여기저기에서 활발하게 어울리는 아이, 흥미로운 일이 발견되면 곧장 참여하려는 아이, 교실 한편에서 소그룹으로 이야기하는 아이 등을 볼 수 있습니다. 그런데 교실에는 친구들과 좀처럼 상호작용하지 않는 아이도 있습니다. 이러한 아이들은 주로 다른 관심사를 가지고 있는 것처럼 보입니다. 예를 들면 항상 책을 읽거나 그림을 그리기도 하고 상상 속에 빠져 멍하게 앉아 있기도 합니다. 외향적인 아이와 내향적인 아이의 구분은 하나의 성향일 뿐 우열이나 옳고 그름의 문제는 아닙니다. 하지만 친구들과 좀처럼 어울리지 않는 아이에 대해서는 교사와 부모가 관심을 가지고 주의를 기울일 필요가 있습니다.

아이가 친구들과 상호작용하지 않는 이유는 크게 2가지가 있습니다. 먼저 자발적으로 상호작용하지 않는 경우입니다. 이 경우의 아이는 다른 어떤 관심사에 심각하게 빠져 있습니다. 예를 들면 게임에 중독되어 밤새 부모님 몰래 게임을 하고 학교에서 멍하게 앉아 있는 경우입니다. 학교에서도 게임에 대한 상상을 하기 때문에 친구들에게 관심이 없습니다. 또는 학습에 심각하게 몰두하여 공부 이외에 다른 것에는 관심을 전혀 두지 않는 아이들도 있습니다.

비자발적으로 상호작용하지 않는 아이도 있습니다. 이 경우의 아이는 특정 관심사에 빠져 있어 친구들과 어울리지 않는다고 보기는 어렵습니다. 오히려 친구들과 어울리지 못하여 다른 것에 관심을 둔다고 봐야 할 것입니다. 일반적으로 극도로 소심한 아이에게 이러한 모습이 보입니다. 이 아이는 친구들에게 다가갈 용기를 좀처럼 내지 못합니다. 동시에 다가오는 친구에게도 적절한 반응을 보이지 못하여 관계를 지속시키지 못합니다.

두 부류의 아이들 모두 교사와 부모가 그들의 사회성을 발전시킬 수 있도록 도와주어야 하는 대상입니다. 인간은 본질적으로 사회적인 동물입니다. 현재의 성향이 어떠하든, 언젠가 사회에 나가 그곳의 구성원으로서 자신의 역할을 수행해야 합니다. 따라서 아이들은 기본적인 사회적 스킬을 습득하며 성장해야 합니다. 우리는 친구들과 상호작용하지 않는 아이에게 사회성을 발전시킬 수 있는 기회를 제공해야 합니다.

사람들과 상호작용이 활발하게 일어날 수 있는 환경에 아이를 노출시켜 주세요. 최대한 친구에게 집중할 수 있는 환경이 좋습니다. 예를 들어 스포츠클럽 또는 보드게임부와 같이 상호작용이 활발한 방과후학교에 참여하는 것입니다. 가능하면 소규모 그룹에서 시작하는 것이 좋습니다. 외향적이지 않은 아이들에게는 부담스럽지 않게 친구들과 어울릴 수 있는 공간이 되어줄 것입니다.

초등학교 집단 따돌림의 특징

왕따, 집단 따돌림이 시작되는 시기

집단 따돌림이란 어떠한 집단 내에서 두 명 이상이 무리를 지어 특정인을 소외시키거나 신체적·정신적 폭력을 가하는 행위를 말합니다. 매우 심각하게 따돌린다는 의미로 '왕따'라고 부르기도 합니다.

초등학생 사이에서 일어나는 집단 따돌림은 어떤 특징을 보일까요? 첫째, 가해자들이 외부 압력에 의해 집단 따돌림 행위에 참여합니다. 초등학교 아이들 사이에도 자연스럽게 서열 관계가 형성되는 경우가 많습니다. 서열이 높은 아이가 다른 아이들에게 집단 따돌림에 동참할 것을 요구했을 때 그들은 제안을 거절하기 어려워합니다. 제안을 거절할 경우 서열이 높은 아이와 멀어지게 될 수 있다고 생각하기 때문입니다. 따라서 많은 아이들이 피해자에 대한 악감정을 가지고 있지 않음에도 불구하고 집단 따돌림에 맹목적으로 참여하게 됩니다.

둘째, 가해자는 자신의 집단 따돌림 행위를 정당화하려 합니다. 초등학생 집단 따돌림 가해자는 자신이 피해자에게 가한 행동이 정당한 이유에서 시작되었다고 주장합니다. 예를 들어 피해자로부터 피해를 입은 경험이 있기 때문에 자신이 피해자에게 가한 행위는 정당하다고 주장하는 경우가 있습니다. 또는 피해자가 평소 친구들에게 부적절한 언행을 했기 때문에 자신들은 그 아이를 따돌리는 것이 아니라 그저 싫어할 뿐이라고 주장하는 경우도 있습니다.

셋째, 가해자와 피해자의 역할이 전환됩니다. 집단 따돌림의 피해자였던 아이는 자신 외에 다른 아이가 집단 따돌림을 당할 때 이에 동조하는 경우가 있습니다. 그렇지 않으면 자신이 다시 따돌림의 대상이 될 수도 있다는 불안감을 가지고 있기 때문입니다. 반대로 가해자였던 아이도 어느 순간 집단 따돌림의 대상이 될 수 있습니다. 따돌림의 문화가 생겨버린 집단에서는 누군가를 따돌리고 괴롭히는 행위가 쉽게 시작되기 때문입니다.

넷째, 가해 행위가 지속적으로 발생합니다. 집단 따돌림은 일상생활을 공유하는 아이들 사이에서 발생하기 때문에 피해자가 가해자로부터 벗어나는 것이 사실상 불가능합니다. 따돌림 행위를 근절하기 위해서는 아이들의 생활 공간을 분리해야 하지만 피해자 혼자만의 노력으로 이것을 해결하기는 어렵습니다. 따라서 주변 사람들의 도움이 반드시 필요합니다.

다섯째, 가해 행위의 종류가 다양합니다. 가해자는 피해자를 다양한 방법으로 따돌립니다. 피해자를 마치 존재하지 않는 사람처럼 취급하기도 하고, 집단적으로 피해자를 무시하여 그 사람이 구성원으로서의 역할을 수행할 수 없게 만들기도 합니다. 심한 경우 직접적으로 언어·신체적 폭력을 가하고 따돌림 행위를 사이버 세계로 연장하여 시간과 공간을 초월하여 가해 행위를 지속합니다.

이 시기에 집단 따돌림이 생기는 이유

집단 따돌림은 학창 시절에만 발생하는 문제는 아닙니다. 초등학교 시절부터 성인이 된 이후까지 곳곳에서 집단 따돌림은 끊이지 않고 있습니다. 집단 따돌림이 발생하는 이유 중 하나는 인간의 본성에 있습니다. 인간은 본능적으로 집단을 이루며 생활합니다. 집단이 형성되면 사람들 사이에 서열 관계가 나타나기 시작하고 힘의 균형이 무너지면서 한쪽으로 권력이 쏠리는 현상이 나타납니다. 집단 내에서 형성된 권력은 한 곳에 고정되어 있지 않고 언제든지 다른 곳으로 이동하는 성질을 지니고 있습니다. 그래서 사람들은 같은 집단 안에서도 자신의 편이 누구인지 늘 확인하고 권력을 유지하고 싶어합니다. 자신의 주위에 내 편이라고 생각되는 사람이 많다면 안정감을 쉽게 찾을 수 있습니다. 사람들이 내 편을 찾는 방법 중 하나는 함께 다른 사람을 험담하는 것입니다. 자신이 다른 사람을 험담할 때 이에 동참하는 사람이 있다면 그를 나와 같은 편으로 간주하고 무리를 이룹니다. 이처럼 사람들이 자신의 편을 만드는 과정에서 집단 따돌림이 발생할 수 있습니다.

초등학교 중학년 된 아이들은 친구에 대한 감정을 민감하게 느끼기 시작합니다. 중학년이 되면 저학년 때에 비해 많은 시간을 친구들과 함께 보내게 됩니다. 학교의 정규교육과정 시수가 늘어나면서 학교에서 머무는 시간이 많아질 뿐 아니라 다양한 학원에 다니기 시작하면서 학원에서 친구들과 보내는 시간 또한 증가합니다. 가정에서 많은 시간을 보냈던 저학년 때와 달리 학교, 학원에서 친구들과 상호작용하는 빈도가 늘어나기 때문에 자신의 일상생활에서 친구들이 차지하는 비중을 이전과는 다르게 인식합니다. 이러한 과정에서 친구에 대한 민감성이 높아져 친구의 말과 행동에 대한 호불호가 명확해집니다. 이전에는 깊게 생각하지 않고 넘겼던 친구의 언행에 대해 질투를 느끼거나 미움의 감정을 가지기 시작하여 집단 따돌림이 발생할 수 있습니다.

이 시기의 아이들은 서열 관계를 인식하기 시작합니다. 아이들 사이에서 서열 관계가 생기면서 누군가의 말은 더욱 힘 있게 들리고 누군가의 말은 가볍게 받아들여질 수 있습니다. 만약 힘을 가진 아이가 어떤 아이에게 미움의 감정을 가졌거나 자신의 우월감을 과시하기 위해 그 아이를 괴롭힌다면 다른 아이들 또한 그 아이의 눈치를 보거나 동참하게 될 수 있습니다. 적극적으로 따돌림 행위에 가담하지 않더라도 주동하는 아이의 눈치를 보며 방관하는 것만으로 교실 내 집단 따돌림은 성립됩니다.

아이들은 때때로 자신들의 결속력을 다지기 위해 누군가를 따돌립니다. 무리를 이루며 친한 친구와 친하지 않은 친구를 구별하기 시작하면서 아이들은 본능적으로 무리를 이루고 싶은 마음을 가지게 되고 그곳에서 소외되지 않기를 원합니다. 안타깝게도 몇몇 아이들은 무리에 속한 친구들과의 결속력을 다지기 위해 잘못된 방법을 택하는 경우가 있습니다. 그것은 타인이나 타 집단을 배척하는 것입니다. 외집단의 존재는 내집단의 결속력을 다지는 효과적인 도구가 되기 때문입니다. 이러한 방법을 택한 아이들은 특정 아이를 타깃으로 정하여 집단적으로 따돌리고 괴롭히며 자신들이 소속감과 결속력을 증진시키고 있다고 믿습니다.

집단 따돌림 피해의 징후

만약 우리 아이가 집단 따돌림을 당하고 있다면 부모님은 이를 재빠르게 알아채고 대응해야 합니다. 집단 따돌림의 지속 기간이 길어질수록 아이의 트라우마는 심각해지고 결코 회복할 수 없을 정도의 사회적 기능 장애가 발생할 수 있습니다. 집단 따돌림을 당하는 아이는 자신의 피해 사실을 선뜻 밝히기 어려워합니다. 따돌림을 당하는 이유가 자신의 잘못이라고 생각하거나 어른들에게 말할 경우 따돌림이 더욱 심해질 수 있다고 생각하기 때문입니다. 따라서 부모님은 다음과 같은 이상 징후를 살피며 아이가 집단 따돌림 피해를 당하고 있는 것은 아닌지 관심을 가져야 합니다.

첫째, 자녀가 우울감을 보이고 학교와 관련된 일에 대해 언급하기를 꺼려합니다. 따돌림을 당하는 아이는 정서적인 불안에 시달리며 자존감이 크게 하락합니다. 또한 말수가 급격하게 줄어들고 아이의 얼굴에는 그늘이 가득해집니다. 이에 더해 아이가 학교와 관련된 이야기를 회피한다면 학교에서 좋지 않은 일을 겪고 있을 수 있기 때문에 이것에 대해 확인해볼 필요가 있습니다.

둘째, 자녀의 물건이 자주 없어지거나 망가집니다. 평소에 자신의 물건 관리에 철저한 아이가 어느 순간부터 갑자기 물건을 잃어버리거나 망가뜨린다면 따돌림 피해를 의심해볼 수 있습니다. 아이를 따돌리는 가해자들이 아이의 물건을 갈취하거나 함부로 사용하면서 아이를 괴롭히는 상황이 있을 수 있습니다.

셋째, 자녀의 몸에 빈번하게 상처가 나거나 멍이 생깁니다. 집단 따돌림은 신체적 폭력이 수반되는 경우가 많습니다. 자녀의 몸에서 상처가 자주 발견된다면 여러 아이들이 장난을 빙자하여 자녀에게 폭력을 휘둘렀을 가능성이 있습니다. 이때 자녀는 이러한 상처가 자신의 실수나 부주의로 생겼다는 등의 핑계를 댈 수도 있습니다. 하지만 반복적으로 상처의 흔적이 발견된다면 부모님은 다른 가능성을 의심해봐야 합니다.

넷째, 용돈을 요구하거나 집에 있는 돈을 몰래 가져갑니다. 자녀가 집단 따돌림에 휘말렸다면 가해자들에 의해 금전적인 피해를 입을 수 있습니다. 가해자들은 피해자에게 돈이나 금전적인 가치가 있는 물건 등을 요구합니다. 아이는 그 사실을 부모에게 숨기고 자신의 용돈을 올려달라고 부탁하거나 부모님의 돈을 몰래 가져가기도 합니다.

집단 따돌림을 대하는 우리의 자세

집단 따돌림 문제와 관련하여 가장 중요한 것은 자녀가 집단 따돌림의 가해자가 되지 않도록 지도해야 한다는 것입니다. 누군가를 집단적으로 따돌린다는 것은 그 사람의 인생을 송두리째 망쳐버리는 것과 같습니다. 이러한 행동의 무게는 그 어떠한 반성과 처벌로도 돌이킬 수 없을 만큼 무겁습니다. 과연 다른 사람의 인권을 짓밟은 경험을 가진 아이가 건강한 어른으로 성장할 수 있을까요? 내 자녀가 올바른 인격을 가진 어른으로 자라나길 원한다면 부모님은 반드시 아이의 집단 따돌림 예방 교육에 관심을 가져야 합니다. 자녀에게 미워하는 친구가 생겼을 때는 그 아이에 대한 감정을 표출하지 않도록 지도해주세요. 친구를 좋아하게 되거나 싫어하게 되는 일은 자연스러운 것입니다. 그러나 자신이 누군가를 싫어한다는 사실을 외부에 알리고 친구들이 이에 공감해주기를 원한다면 이것은 집단 따돌림의 원인이 될 수 있음을 알아야 합니다.

    집단 따돌림의 가해자는 주동자, 동조자, 방관자로 나뉩니다. 주동자와 동조자는 피해자에게 분명한 가해를 행한 반면 방관자는 피해자에게 눈에 보이는 가해를 행하지는 않습니다. 하지만 방관자 또한 넓은 범주에서 가해자에 포함될 수 있습니다. 방관자는 능동적으로 피해자를 괴롭히지 않았지만 수동적인 태도로 피해자를 가해한 사람 중 한 명이기 때문입니다. 학급에서 일어나고 있는 집단 따돌림 현상을 알고 있으면서 이를 해결하기 위해 노력하지 않는 것은 따돌림 행위를 묵인하는 것입니다. 아무런 행동을 취하지 않는 것은 집단 따돌림의 분위기 형성에 일조하는 일이라는 것을 분명히 알아야 합니다. 따돌림 발생의 초기에 이를 방관하지 않고 용기를 내어 그에 반대하는 분위기를 형성한다면 집단 따돌림을 예방할 수 있습니다. 다만, 반드시 초기 단계에서 이러한 행위가 이루어져야 함을 명심해야 합니다. 한번 집단 따돌림의 분위기가 형성되고 이것이 자리를 잡으면 이후에는 용기를 낸 아이들이 오히려 추가적인 따돌림의 대상이 되어버릴 수도 있습니다.

만약 자녀가 집단 따돌림의 피해자가 되었다면 아이를 그 집단에서 분리해주어야 합니다. 집단 따돌림의 타깃으로 정해진 아이는 그 집단 내에서 권력 피라미드의 최하위층에 위치하게 됩니다. 집단 구성원들 사이에는 따돌림을 당했던 아이에 대한 편견이 형성되고 이것은 집단 구성원들이 따돌림 당했던 아이와 친구가 되는 것을 어렵게 합니다. 따라서 자녀를 기존의 집단에서 분리하여 정서적 안정을 찾을 수 있게 도와주고 새로운 집단에 소속하게 하여 사회적 관계를 재정립함으로써 트라우마를 극복할 수 있는 기회를 제공해야 합니다.

13 좋아할 수밖에 없는 아이들의 특징

교실에는 많은 아이가 있습니다. 그들은 다양한 활동을 함께하며 서로에 대해 알아갑니다. 그렇게 시간이 흐르다 보면 많은 친구들에게 호감을 얻는 아이와 그렇지 못한 아이가 생겨나기 시작합니다. 인격이나 품성, 생활 습관 등이 바른 아이는 학생들이 좋아하는 친구가 됩니다. 교사에게도 마찬가지입니다. 아이의 성품이 곱고 행동이 바르면 자연스럽게 그 아이에 대한 호감이 생깁니다. 그렇다면 이러한 아이들은 어떤 품성을 가지고 어떻게 생활할까요?

자신의 일을 열심히 하는 아이는 신뢰를 줍니다

초등학생에게 자신의 일을 열심히 한다는 것은 수업 시간에 집중하고 숙제를 빼먹지 않으며 1인 1역과 같이 교실에서 주어진 역할을 성실하게 수행한다는 의미입니다. 평소 자신에게 주어진 일을 묵묵히 해내는 정도의 아주 단순하고 소소한 일입니다. 사실 친구가 자신에게 주어진 일을 제대로 수행하지 못한다고 해도 그것이 자신에게 직접적인 피해가 되지는 않습니다. 그럼에도 불구하고 학생들과 선생님은 자신의 일을 열심히 하는 아이를 좋아합니다.

아이들은 신뢰할 수 있는 사람과 친구가 되기를 희망합니다. 자신의 일을 열심히 하는 사람에게는 신뢰와 책임감을 느낄 수 있습니다. 아이들은 그런 친구를 존중하게 되고 자신이 보고 배울 수 있는 본보기로 여깁니다. 어떤 과제가 주어졌을 때 그 친구와 함께한다면 무엇이든 잘 해낼 수 있을 것 같은 느낌을 받습니다. 반면 자신의 일을 성실하게 수행하지 않는 아이에게는 '저 친구가 나와 함께 무엇인가를 할 때에도 불성실하게 행동하면 어떡하지?'라는 불안감을 느낄 수밖에 없습니다. 이러한 점 때문에 친구들은 그 아이가 친하게 지내는 것을 꺼려하게 됩니다.

자신의 일을 열심히 하는 아이는 교사에게도 마찬가지로 신뢰를 얻습니다. 교사는 이 아이에게 어떠한 과업을 제공하더라도 그가 최선을 다해 이를 수행할 것이라는 믿음을 갖게 됩니다. 교실에 믿을 수 있는 학생이 있다는 것은 교사에게 정서적인 안정감을 느끼게 하는 요소입니다. 교사에게도 누군가에게 도움을 요청해야 하는 순간들이 존재합니다. 교사는 그러한 순간에 자신을 도와줄 수 있는 학생이 있다는 든든한 감정을 느낄 수 있습니다. 더불어 자신의 일을 열심히 하는 아이는 다른 학생들에게 귀감이 되어 긍정적인 학습 분위기 형성에 도움을 줍니다. 교사의 백 마디 말보다 옆에서 과제를 열심히 수행하는 친구의 모습이 아이들에게 더 큰 자극이 될 수 있습니다. 친구들은 이러한 아이의 모습을 보고 자신의 발전을 위해 노력하게 됩니다.

규칙을 잘 지키는 친구는 안정감을 줍니다

학교와 학급 규칙은 학교 생활에 있어 학생들이 당연히 지켜야 할 사항입니다. 대부분의 학생들은 규칙을 지키기 위해 노력합니다. 하지만 규칙을 지키는 일에는 약간의 불편함이 따르기 때문에 가끔은 규칙을 지키고 싶지 않을 때가 있습니다. 여기에서 아이들은 두 갈래로 나뉩니다. 자신의 불편함을 감수하면서 규칙을 지키는 아이들이 있는가 하면 자기의 편의를 위해 규칙을 어기는 아이들이 있습니다.

아이들은 규칙을 대하는 마음에 있어 이중적인 모습을 가지고 있습니다. 하나는 규칙을 준수하지 않고 자기 마음대로 행동하며 이를 자유롭다고 생각하는 모습입니다. 나머지는 규칙을 지키지 않는 친구들을 보며 부정적으로 생각하는 모습입니다. 본인이 규칙을 지키지 않을 때는 그럴 수도 있는 일이라고 생각하지만 다른 친구들이 규칙을 어길 때는 불안함을 느낍니다. 학교에 존재하는 규칙은 여러 학생들이 안정적으로 생활할 수 있도록 돕는 역할을 합니다. 아이들은 규칙 안에서 생활하며 조금 불편하더라도 정서적인 안정감을 느낍니다. 그런데 어떤 학생이 정해진 규칙을 지키지 않는다면 다른 아이들은 그동안 느끼고 있던 안정감에 대하여 불안함을 느낄 수밖에 없습니다. 규칙을 지키지 않는 학생들이 늘어나거나 교실이 무규범 상태가 되는 모습을 보면서, 아이들은 '나도 규칙을 지키지 않아도 되겠구나.' 하며 좋아하는 것이 아니라 교실이 혼란에 빠질 것을 우려합니다. 교실이 혼란에 빠지는 모습은 아이들을 정서적으로 불안하게 만듭니다. 따라서 학교에 존재하는 규칙을 잘 지키는 것만으로도 친구들에게 호감을 주는 사람이 될 수 있습니다.

  규칙을 잘 지키는 아이는 교사가 다른 아이들을 지도할 때 큰 도움이 됩니다. 학급이라는 공동체를 안정적으로 운영하기 위해 규칙의 존재는 필수적입니다. 여러 학생들의 행동을 교사가 일일이 안내하고 제어하는 것은 사실상 불가능하기 때문입니다. 하지만 바람직한 규칙 아래에서 학생들의 행동 범위를 규정한다면 교사는 학급을 원만한 공동체로 운영해 나갈 수 있습니다. 규칙을 잘 지키는 아이는 공동체가 지켜야 할 규칙에 당위성을 불어넣는 존재가 되어줍니다. 얼마나 많은 친구가 규칙을 지지하는가에 따라 규칙이 가지는 힘은 달라집니다. 규칙을 준수하는 아이는 규칙이 가지는 힘의 크기를 키움과 동시에 친구들에게 어떻게 공동체 생활을 해야 하는가에 대한 본보기가 됩니다.

긍정적인 친구에게 마음을 열 수 있습니다

아이들은 다양한 주제에 대해 친구와 대화를 나눕니다. 자신의 시시콜콜한 일상생활에 대해 말하기도 하고 자신이 경험했던 일이나 새롭게 도전하는 일에 대해서도 이야기합니다. 때로는 자신의 고민이나 걱정, 불안과 같이 위로가 필요한 주제에 대하여 말하기도 합니다. 긍정적인 아이는 친구의 이야기에 기분 좋은 피드백을 제공합니다. 낙관적인 태도로 친구에게 희망을 불어넣어 주고 친구의 새로운 이야기에 긍정적인 태도로 관심을 보입니다. 친구들은 이러한 태도를 보이는 아이에게 편안함을 느끼게 됩니다. 아이들은 편안함을 느끼는 대상에게 자신의 마음을 열고 속마음까지 이야기할 수 있는 친구로 여깁니다. 이러한 과정을 반복하며 그들의 사이는 돈독해집니다.

교사도 마찬가지로 긍정적인 아이에게 큰 힘을 얻습니다. 부정적인 태도를 지닌 아이들은 선생님이 수업을 진행할 때 불평과 불만을 늘어놓습니다. 교사가 준비한 학습활동의 설명을 들으며 "아, 이거 재미없는데.", "이거 꼭 해야 돼요?"라는 식의 반응을 보입니다. 이러한 부정적 반응을 듣는다면 아무리 열정적인 교사라 할지라도 의욕을 상실하게 될 수밖에 없습니다. 더불어 부정적인 생각을 하지 않던 친구들도 덩달아 수업에 대해 좋지 않은 인식을 가지게 되어 수업의 전체적인 분위기가 다운될 수 있습니다.

반면 긍정적인 태도를 지닌 아이들은 선생님의 수업에 기대감을 갖는 등의 반응을 보일 때가 많습니다. 이 아이들은 "새로운 활동이 재밌을 것 같은데?", "이렇게 공부하니까 더 즐겁게 할 수 있는 것 같아."라는 식의 긍정적인 말을 자주 합니다. 이러한 말은 교실 내에 밝은 에너지를 확산하여 수업의 분위기를 끌어올리는 데 도움을 줍니다. 아이들이 선생님에게 인정받는 일을 좋아하듯 교사도 아이들에게 인정받는 것을 좋아합니다. 특히 교사가 열심히 준비한 수업에 대해 아이들이 만족해하고 즐겁게 참여한다면 교사에게 이보다 보람찬 일은 없을 것입니다.

자존감이 높은 아이는 문제를 일으키지 않습니다

우리 아이를 친구들과 선생님이 좋아하는 아이로 성장시키고 싶다면 아이의 자존감을 길러주어야 합니다. 학급에서 문제 행동을 보이는 학생들은 자존감이 낮은 경우가 많습니다. 자존감이 높은 아이는 삶에 대해 자주적인 태도를 보이며 타인에 대한 열등감이 없습니다. 친구들에게 관용적인 태도를 보일 수 있는 여유가 있습니다. 자기 자신을 사랑할 줄 아는 아이들은 학습, 친구 관계, 선생님과의 관계에 대해 과도하게 집착하지 않습니다. 스스로에 대해 비관적인 태도를 갖지 않으며 지나치게 이기적이지 않습니다.

자존감이 높은 아이는 자신이 해야 할 일이라고 판단되는 일을 주체적으로 해결해 나갑니다. 자신에게 조금 불편하더라도 학급의 규칙을 지키는 일이 공동체를 위한 것임을 이해하고 기꺼이 이를 실천합니다. 친구의 말과 행동을 부정적인 방향에서 바라보지 않고 긍정적인 시각으로 해석하여 친구에게 밝은 에너지를 느낄 수 있게 해줍니다. 타인에게 사랑받는 사람이 되는 것은 자신을 사랑하는 것에서 시작됩니다. 그리고 부모와 주변 사람들의 사랑과 관심, 꾸준한 격려는 아이가 자신을 믿고 사랑하는 사람으로 성장하게 하는 밑거름입니다.

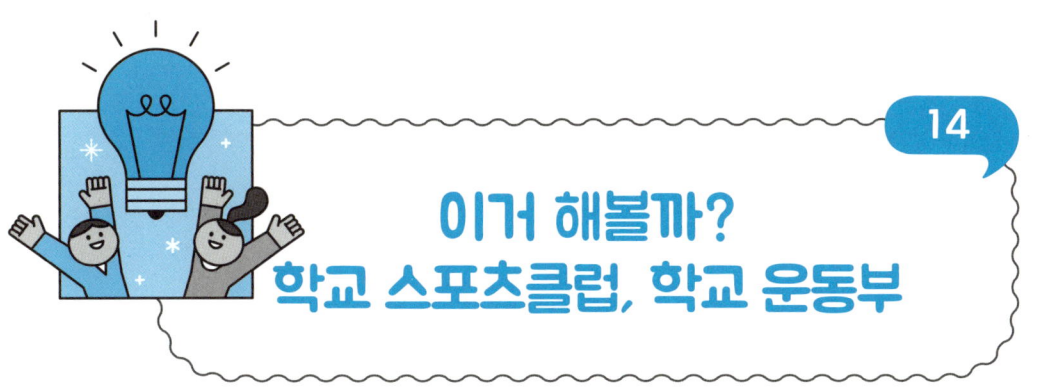

이거 해볼까?
학교 스포츠클럽, 학교 운동부

학교 스포츠클럽의 다양한 장점

혹시 〈○○학교 스포츠클럽 참가 신청 안내〉라는 가정통신문을 받아본 적 있으신가요? 가정통신문을 받았을 때 '학교 스포츠클럽이 뭐지?'라고 생각한 부모님이 많았을 것입니다. 부모님 세대가 초등학교를 다니던 시절에는 학교 스포츠클럽이라는 개념이 없었기 때문에 이 단어에 대해 생소하게 느끼는 것은 당연한 일입니다. 학교 스포츠클럽이란 무엇일까요? 학교 스포츠클럽이란 학교가 주체가 되어 학생들과 함께 스포츠 활동을 하는 집단을 말합니다. 글자 그대로 학교에서 하는 스포츠클럽인 것입니다. 일주일에 2시간씩 1~2회, 방과후에 운영되는 것이 일반적인 학교 스포츠클럽의 운영 형태입니다.

학교 스포츠클럽 활동에 대해 문의하시는 부모님들에게 학교 스포츠클럽에 참여하는 것을 적극 추천합니다. 학교 스포츠클럽에 참여하면 많은 장점을 누릴 수 있기 때문입니다.

첫째, 학교 스포츠클럽에 참여하면 해당 스포츠 종목을 집중적으로 경험해 볼 수 있습니다. 우리 아이가 정규 체육교육과정 안에서 접할 수 있는 스포츠 종목은 한정되어 있습니다. 또한 정규 수업시간에 진행되는 스포츠 관련 수업은 기초와 기본에 대해 학습하는 것을 중점으로 둡니다. 하나의 종목을 깊게 배우는 것이 초등 체육 수업의 목적은 아니기 때문입니다. 하지만 아이가 스포츠클럽에 참여한다면 해당 종목에 대하여 기초부터 심화 과정까지 경험하게 될 것입니다. 기본적인 스포츠 기술과 더불어 전반적인 전술과 전략에 대해 이해할 수 있습니다. 우리 아이에게도 제대로 즐길 수 있는 하나의 스포츠가 생기는 것입니다.

둘째, 학교 스포츠클럽 활동은 아이의 바람직한 인성 함양에 기여합니다. 아이들은 스포츠클럽 활동 중에 다양한 상황을 마주하게 됩니다. 팀원들과 효과적으로 소통하여 공동의 목표를 달성하기도 하고, 서로를 배려하지 못하여 갈등을 겪기도 합니다. 어떻게 해야 갈등을 해결할 수 있는지에 대해 고민하고 그것을 행동으로 옮기며 갈등 해결의 경험을 습득하게 됩니다. 이러한 과정은 모두 배움의 기회입니다. 아이들은 타인에 대한 이해와 공감 능력을 기르게 되고 의사소통과 협동의 중요성을 깨닫게 됩니다. 이처럼 스포츠클럽은 그 자체로 인성교육의 장입니다.

셋째, 아이들은 학교 스포츠클럽 활동을 통해 소속감과 보람을 느낍니다. 초등학교에 다니는 모든 학생은 학급에 소속됩니다. 그러나 학급에 소속되는 것은 아이의 자발적인 선택이 아니었기 때문에 그곳에서 진정한 소속감을 느끼지 못하는 경우도 있습니다. 반면 학교 스포츠클럽은 아이들이 자발적으로 선택하여 가입한 집단입니다. 아이들은 그곳에서 느끼는 소속감을 소중하게 생각하고 팀의 목표를 이루기 위해 자신의 역할을 책임감 있게 수행하고자 노력합니다.

아이들이 보람을 가장 크게 느끼는 과정은 학교 스포츠클럽 대회를 준비하는 기간입니다. 인간은 본질적으로 경쟁에서 이기고 싶은 욕구를 지니고 있습니다. 대회 일정이 정해지고 상대팀이 결정되면 아이들의 가슴이 두근거리기 시작할 것입니다. 이것은 아이들의 성장 욕구를 끌어올리는 강력한 동기가 됩니다. 아이들은 대회를 치르며 자신의 부족함과 한계를 느끼게 되고 이를 극복하기 위해 노력하는 과정을 거칩니다. 그렇게 한 대회를 치르고 나면 얼마나 좋은 결과를 만들어 냈는가에 관계 없이 아이들은 한 단계 성장해 있는 자신을 발견하며 보람을 느낍니다.

학교 스포츠클럽에 참여하는 것은 어렵지 않습니다. 기회는 누구에게나 열려 있고 특별한 수강료나 활동비 등이 필요하지 않습니다. 반면 스포츠클럽을 통해 얻을 수 있는 장점은 많습니다. 아이가 스포츠 활동에 많은 관심을 가지고 있거나 아이의 인성교육에 도움이 되는 프로그램을 찾는 부모님에게 적극적으로 권장합니다.

스포츠클럽 활동 모습

학교 운동부에 들어가면 운동선수가 되어야 하나요?

우리 아이가 운동부에 입단하게 된다면 이것은 아이가 전문체육 특기자로서의 진로를 선택한다는 의미일까요? 운동부에서 운동을 했다고 해서 꼭 운동선수가 되어야 하는 것은 아닙니다. 초등학교는 진로를 결정하기보다 탐색하는 시기라고 할 수 있습니다. 이 시기에 아이들은 직업에 대한 다양한 정보를 얻고 여러 분야의 경험을 쌓아가며 자신의 적성과 흥미를 확인하게 됩니다. 이와 마찬가지로 운동부에 입단했다고 해서 체육 분야로 진로를 결정할 필요는 없습니다. 운동 종목을 충분하게 경험해보고 소질과 재능을 파악하여 진로를 탐색하는 시간으로 활용한다고 생각하시면 됩니다.

부모님이 어렸을 때 봤던 학교 운동부의 모습은 지금과는 많이 다를 것입니다. 예전 운동부 아이들은 수업 시간에 교실에 오지 않았습니다. 비어 있는 자리가 누구의 것이냐고 묻는 선생님께 운동부 아이의 자리라고 말씀드리면 선생님도 당연하다는 듯 넘어갔습니다. 운동부 아이들은 학교에서 공부를 해야 하는 시간까지 할애하며 훈련에 매진했습니다. 과거에는 학교 운동부의 훈련 프로그램 자체가 그런 방식으로 운영되었습니다. 운동부에게는 공부가 허락되지 않는 시대였습니다.

하지만 현재의 초등학교 운동부는 그때와 매우 다른 모습입니다. 더 이상 공부 시간에 훈련을 하는 일은 없습니다. 아이들은 필요 시 아침 훈련을 실시하고 오후 훈련은 방과후에 이루어집니다. 오후 훈련은 일반적으로 4~5시에 종료되며 더 늦은 시간까지 훈련이 진행되는 경우는 좀처럼 없습니다. 따라서 운동부 훈련을 마치고 학업에 투자할 수 있는 시간은 여전히 충분합니다. 또한 특정 요일이나 시간대에 개인 사정이 있다면 그 시간에는 훈련을 받지 않을 수 있는 문화가 형성되어 있습니다.

학교 운동부 선수로서 대회에 출전하게 되면 학교를 결석하게 되는 경우가 생깁니다. 일반 친구들이 수업을 할 때 운동부 아이들은 그 수업에 참여하지 못하게 되는 것입니다. 하지만 이러한 경우 학교는 반드시 운동부 아이들의 수업 결손을 방지하여야 합니다. 각 반의 담임 교사는 대회로 인하여 수업 결손이 생긴 부분에 대하여 아이에게 적절한 수준의 보충 학습이 이루어지도록 할 것입니다. 현장에서는 공부하는 학생 선수에 대한 많은 연구가 이루어지고 있습니다. 학교 운동부에 관련된 정책은 앞으로도 운동부 아이들의 학습권을 보장하고 질 높은 학습 환경을 조성하고자 하는 방향으로 나아갈 것이라고 생각합니다.

학교 운동부 활동을 한다는 것은 모든 학습을 미뤄두고 운동에 전념한다는 의미가 아닙니다. 친구들과 똑같이 학습하고 이외의 시간을 운동에 투

자하는 것입니다. 일반적인 아이들보다 조금 더 부지런하게 생활하면 두 마리 토끼를 충분히 잡을 수 있습니다. 운동부 활동의 기회가 생긴다면 아이가 다양한 분야의 경험을 쌓고 진로를 탐색하는 시간으로 활용하게 하는 것은 어떨까요?

영재학급에 들어가고 싶어요

자녀에게 이런 모습이 보인다면 영재교육이 필요합니다

어떤 아이를 영재라고 부를까요? 우리나라 영재교육진흥법 제5조 제1항에서는 영재를 '재능이 뛰어난 사람으로서 타고난 잠재력을 계발하기 위하여 특별한 교육을 필요로 하는 사람'으로 정의하고 있습니다. 여기에서 말하는 뛰어난 재능이란 구체적으로 무엇을 의미할까요?

영재성을 정의하는 관점은 다양합니다. 우리나라 영재교육진흥법에서는 영재성의 영역을 일반지능, 예술적 재능, 특수 학문 적성, 신체적 재능, 창의적 사고 능력, 그 밖의 특별한 재능으로 규정하고 있습니다. 미국의 영재교육학자인 렌줄리(Renzulli)가 제시한 영재의 특성을 파악하면 조금 더 구체적으로 영재성에 대해 이해할 수 있습니다. 렌줄리의 관점을 참고하여 우리 아이가 영재성을 가지고 있는지 판단해봅시다.

첫째, 영재는 평균 이상의 능력을 지녔습니다. 영재는 어려운 내용을 빠르게 이해하고 기억력이 좋으며 많은 지식을 가지고 있습니다. 수준 높은 책을 즐겨 읽고 어려운 개념을 쉽게 이해하며 이를 문제해결에 적극적으로 활용합니다.

둘째, 영재는 창의적으로 사고합니다. 영재는 때때로 기발한 착상이나 제안으로 부모님을 놀라게 합니다. 새로운 문제 상황에서 두려워하지 않고 스스로 해결하려는 도전 정신을 가지고 있으며 새로운 것을 배우고 싶어 하는 욕망을 지녔습니다. 다른 사람과 의견이 다를 때 적극적으로 토론하며 새로운 대안을 찾아냅니다.

셋째, 영재는 높은 과제집착력을 발휘합니다. 과제를 수행할 때 주위의 상황에 흔들리지 않고 자신의 역할을 수행합니다. 쉽게 해결되지 않는 문제를 마주하더라도 포기하지 않으며 끝까지 노력하는 자세를 지니고 있습니다. 한 가지 일에 오랜 시간 집중하는 모습을 보이며 관심 있는 문제에 몰두할 때는 종종 그 일을 말리기 어려울 때가 있습니다.

만약 자녀가 영재라고 판단된다면 영재교육을 꼭 받게 해야 할까요? 우리는 영재의 정의에서 영재교육의 필요성을 엿볼 수 있습니다. 영재는 뛰어난 재능을 가진 아이로서 보통의 교육으로는 타고난 잠재력을 끌어 올릴 수 없습니다. 따라서 그들은 재능에 따라 알맞은 교육을 제공받아야 합니다. 우리 나라에는 모든 국민이 능력에 따라 균등하게 교육받을 권리가 있습니다. 이를 통해 영재는 자신의 잠재력을 계발하고 자아를 실현해 나갈 수 있습니다.

영재교육은 이곳에서 이루어집니다

영재교육진흥법에 정의된 영재교육기관은 영재학교, 영재교육원, 영재학급입니다. 영재학교는 고등학교 단계의 영재교육기관으로, 서울과학고가 있습니다. 영재교육원은 초등협력학교와 중학교협력학교에서 운영되는 형태가 있고 그 외에 교육청의 직속기관 및 단위학교 또는 대학부설 및 유관기관에서 운영되는 형태가 있습니다. 영재학급은 지역별 또는 영역별로 특성화된 학교에 설치하고 운영되고 있습니다. 아래 표는 서울특별시교육청의 영재교육기관 구분입니다.

	운영기관	비고
영재학교	서울과학고	
영재교육원	교육지원청	11개 교육지원청(초등협력학교, 중등협력학교)
	직속기관 및 단위학교	과학전시관(본관, 남산, 동부, 남부), 서울과학고, 세종과학고, 한성과학고 등
	대학부설 및 유관기관	서울교대, 고려대, 성균관대 등
영재학급		각급 학교

영재교육 대상자 선발 과정

서울특별시교육청의 영재교육 대상자 선발 시기는 영재교육기관에 따라 조금 다릅니다. 교육지원청 영재교육원과 직속기관 및 단위학교(음악, 미술 분야 제외) 영재교육원은 전년도 9월부터 2월까지의 기간에 걸쳐 영재교육

대상자를 선발합니다. 반면 음악, 미술 분야의 단위학교 영재교육원은 해당 연도의 2월에서 4월의 기간 동안 영재를 선발합니다. 대학부설영재교육원은 일반적으로 전년도 9월부터 12월에 영재를 선발하고 단위학교의 영재학급은 해당 연도의 2월에서 4월 사이에 영재를 선발합니다.

전형단계	주관	세부내용				
지원 단계	학생	- GED(https://ged.kedi.re.kr)에서 지원서, 자기체크리스트 작성 - 지원서를 출력하여 소속 학교 담임교사에게 제출 - 선발 전형료 납부				
추천 단계	소속 학교	- 추천 여부 심의 후 최종 추천				
창의적 문제해결력 및 면접평가 단계	○○ 교육 지원청	- 창의적 문제해결력 및 면접 평가 실시				
		선발 분야	평가	배점	시간	장소
		수학, 과학, 융합정보	창의적 문제 해결력	70	09:00~10:00 (60분)	○○초
			면접	10	10:20~10:40 (20분)	
		선발 분야	평가	배점	시간	장소
		수과학융합	창의적 문제 해결력	80	09:00~10:00 (60분)	○○초
		미술 (실기 평가 포함)	창의적 문제 해결력	80	09:00~12:00 (180분)	○○초
		② 최종 합격자 공고 : 20○○. 2. ○.(○요일) ○○:00				

위의 표는 영재교육원 선발 일정 및 방법에 대한 예시 자료입니다. 학생들은 GED(영재교육종합데이터베이스) 시스템에서 온라인으로 신청서를 작성합니다. 학생이 GED 시스템에서 지원서를 작성하면 담임교사가 이를

확인하고 학교추천위원회의 심의를 거친 후 학생을 영재교육 대상자로 추천합니다. 지원이 완료된 학생은 창의적 문제해결력 평가와 면접 평가에 참여하게 됩니다. 이때 미술, 음악, 문예 분야는 실기평가를 포함합니다. 선정 결과는 교육 연도의 2월에 GED에서 확인할 수 있습니다.

영재교육 대상자 선발 과정에서 특정한 학생을 우선 선발하는 경우가 있습니다. 먼저, 사회통합대상자로 추천된 지원자의 경우 각 분야별 선발 인원의 20퍼센트까지 정원 내에서 우선 선발할 수 있습니다. 사회통합대상자의 자격은 국민기초생활수급자, 다문화 가족 자녀, 소방공무원 자녀 등으로 다양합니다. 각 자격별 구체적인 우선순위는 공고문을 확인하는 것이 좋습니다. 다음으로 영재교육원 운영 학교(협력학교) 소속 학생의 경우 모집 정원의 20퍼센트 이내에서 우선 선발할 수 있습니다. 그러나 위의 두 가지 경우에도 학생의 평가 점수가 현저히 낮아 영재교육 이수에 어려움이 있다고 판단된다면 선정심사위원회 심의를 거쳐 불합격으로 처리할 수 있습니다.

대학부설영재교육원과 각급 학교의 영재학급에 지원하기 위해서는 기관에서 공지하는 모집 요강을 확인하여야 합니다. 교육지원청 및 직속 기관에서 선발하는 영재교육 대상자 선발 일정은 동시에 진행되지만 대학부설영재교육원과 영재학급의 선발 일정은 각 학교의 모집 공고에 따릅니다. 모집공고는 GED 시스템(https://ged.kedi.re.kr)에서 확인할 수 있습니다.

영재교육에 지원할 때 유의해야 할 점이 있습니다. 이미 영재교육대상자로 선정된 경우에는 타 기관에 중복하여 지원할 수 없습니다. 전국의 모든 영재교육기관은 중복 등록이 불가합니다. 대학부설 영재교육원의 경우 중복 지원이 가능한 경우가 있지만 모두 합격하였을 때는 1곳만 선택하여 등록해야 합니다. 또한 영재교육원에 최종 합격한 학생은 등록 여부와 관계없이 타 영재교육기관에 지원할 수 없습니다. 예를 들어 서울특별시 북부교육지원청 영재교육원에 합격한 학생은 본인의 학교에서 영재학급 대상자를 모집한다 해도 지원할 수 없습니다. 중복 지원이나 중복 합격, 중복 등록 등의 규정을 위반하는 경우에는 합격이 취소될 수 있기 때문에 관련 내용을 반드시 숙지하고 준수해야 합니다.

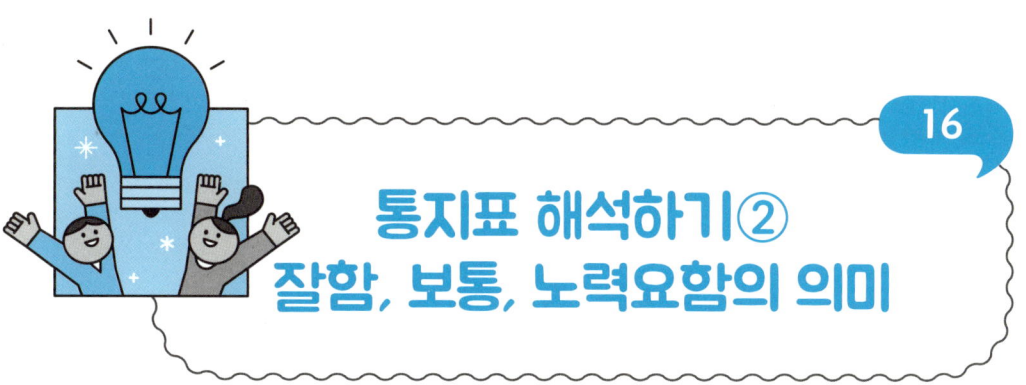

통지표 해석하기 ②
잘함, 보통, 노력요함의 의미

교과 평가는 이렇게 이루어집니다

새 학기가 시작되면 교사는 학생들에 대한 교과 학습 평가 계획을 수립합니다. 학습의 과정에서 학생들이 도달해야 할 목표로 교육과정 성취기준을 선정하고 평가 기준을 세워 학생들의 성취도를 평가해 나갑니다. 이때 학교는 평가 기준을 몇 단계로 나누어 평가를 실시할지 결정합니다. 학교에 따라 차이가 있지만 일반적으로 3단계 평가를 많이 사용합니다. 이것은 성취기준에 대한 아이들의 도달 모습을 3단계로 구분하여 제시하는 것을 의미합니다. 평가 과정에서 학생이 가장 상위의 평가 기준에 도달했다면 통지표에 '잘함'이라는 문구가 표기됩니다. 중간 정도의 성취도를 보였다면 '보통', 중간보다 떨어지는 성취도를 보였다면 '노력요함'이라는 문구가 통지표에 입력됩니다.

통지표(국어) 예시

교과	영역	평가요소	평가
국어	듣기·말하기	매체 자료를 활용해 발표하기	잘함
	읽기	글을 읽고 글쓴이의 생각과 자신의 생각 비교하기	보통
	쓰기	어색한 내용을 찾아 고쳐쓰기	노력요함
	문법	관용 표현을 활용해 자신의 생각을 글로 쓰기	잘함

잘함, 보통, 노력요함의 진짜 의미

아이의 통지표에서 볼 수 있는 '잘함', '보통', '노력요함'을 어떻게 해석해야 할까요? 먼저 '잘함'의 의미에 대해 알아보겠습니다. 학생을 평가함에 있어 가장 중요한 기준이 되는 것은 교육과정의 성취기준입니다. 성취기준이란 학생들이 학습을 통해 성취해야 할 지식과 기능, 태도를 서술한 것으로 학습의 결과로 나타나야 할 내용이 제시되어 있습니다. 평가 기준을 결정할 때 해당 성취기준에 충실히 도달하는 수준을 잘함으로 설정합니다. 따라서 아이의 평가 결과가 잘함이라면 교사는 아이가 해당 성취기준에 도달했다고 판단한 것입니다.

두 번째로 '보통'의 의미에 대해 알아보겠습니다. 성취기준은 도달해야 할 목표입니다. 목표에 '잘' 도달했다는 표현은 자연스럽지만 '보통'으로 도달했다는 표현은 어색하게 들립니다. 마찬가지로 아이의 평가 결과가 보통이라면 성취기준에 완벽하게 도달했다고 보기에는 조금 아쉬운 상태를 의미합니다. 또는 성취기준에 기본적인 수준까지는 도달하였으나 조금 더 발전할 수 있는 여지가 남아있다는 의미입니다.

세 번째로 '노력요함'의 의미에 대해 알아보겠습니다. 학기 초에 배부된 교과 평가 계획을 기억하시나요? 교과 평가 계획서에는 잘함과 보통, 노력요함에 대한 각각의 평가 기준이 서술되어 있습니다. 교사들은 평가 기준을 작성할 때 최대한 긍정적인 언어로 표현합니다. 예를 들어 노력요함의 평가기준을 설정할 때 "관용 표현을 이해할 수 있으나 이를 효과적으로 활용하지 못한다."와 같이 서술하는 것이 아니라 "관용 표현을 이해할 수 있다."와 같이 표현합니다. 따라서 노력요함에 대한 평가 기준 문구를 표면적인 의미 그대로 받아들이는 것은 바람직하지 않습니다. 통지표를 제대로 해석하기 위해서는 노력요함의 평가 기준과 잘함의 평가 기준을 비교해 보는 것이 필요합니다. 평가 기준에는 학생이 이해할 수 있게 된 내용과 할 수 있게 된 기능 등이 포함됩니다. 잘함의 평가 기준에는 서술되어 있으나 노력요함의 기준에는 서술되어 있지 않은 내용을 찾아보세요. 그 격차만큼 아이의 교과 학습 성취수준이 부족하다는 것을 의미합니다.

6학년 평가 계획(국어) 예시

영역	교육과정 성취기준	평가 기준		관련 단원	평가 방법	평가 시기
듣기·말하기	[6국01-05] 매체 자료를 활용하여 내용을 효과적으로 발표한다.	잘함	발표 상황에 알맞은 매체 자료를 활용하여 주제와 내용이 잘 드러나게 발표할 수 있다.	4. 효과적으로 발표해요	관찰 자기	10월
		보통	발표 상황에 알맞은 매체 자료를 활용하여 주제가 잘 드러나게 발표할 수 있다.			
		노력 요함	발표 상황에 알맞은 매체 자료를 활용하여 발표할 수 있다.			
읽기	[6국02-03] 글을 읽고 글쓴이가 말하고자 하는 주장이나 주제를 파악한다.	잘함	글을 읽고 글쓴이의 생각을 파악하고 글쓴이의 생각과 자신의 생각을 여러 가지 측면에서 비교할 수 있다.	5. 글에 담긴 생각과 비교해요	서술 구술	11월
		보통	글을 읽고 글쓴이의 생각을 파악하고 글쓴이의 생각과 자신의 생각을 비교할 수 있다.			
		노력 요함	글을 읽고 글쓴이의 생각을 파악할 수 있다.			
쓰기	[6국03-04] 적절한 근거와 알맞은 표현을 사용하여 주장하는 글을 쓴다.	잘함	문장 호응이 이루어지지 않은 문장을 찾고 중심 생각이 드러나도록 매끄럽게 고쳐 쓸 수 있다.	7. 글 고쳐 쓰기	지필 구술	12월
		보통	문장 호응이 이루어지지 않은 문장을 찾고 중심 생각을 쓴다.			
		노력 요함	문장 호응이 이루어지지 않은 문장을 찾고 고쳐 쓸 수 있다.			
문법	[6국04-04] 관용 표현을 이해하고 적절하게 활용한다.	잘함	적절한 관용 표현을 효과적으로 활용해 자신의 생각을 글로 쓴다.	2. 관용 표현을 활용해요	지필	9월
		보통	관용 표현을 활용해 자신의 생각을 글로 쓸 수 있다.			
		노력 요함	관용 표현을 이해할 수 있다.			

아이들을 지도하고 평가하는 주체는 교사 개인입니다. 어느 정도 합의된 관점을 가지고 있지만 교사마다 잘함과 보통, 노력요함에 대한 의미를 조금씩 다르게 생각할 수 있습니다. 따라서 위에서 제시한 해석이 절대적인 기준은 아닙니다. 하지만 '잘함'은 성취기준에 도달했다는 뜻이고, '노력요함'은 성취기준에 도달하지 못했다는 뜻이라는 것에 이견은 없을 것입니다.

자녀의 교과 학습 성취도를 이해하려면 교과학습발달상황을 함께 고려하세요

통지표에는 기록되는 교과 학습 관련 평가 내용은 두 가지 항목으로 나누어져 있습니다. 첫 번째는 위에서 살펴 본 교과 평가(3단계 평가)이고, 두 번째는 '교과학습발달상황'입니다. 3단계 평가는 학생의 교과 학습 성취 수준에 대해 결과적인 평가 내용만을 제시합니다. 3단계 평가로는 학생이 학습 과정에서 어떠한 모습을 보였는지 알 수 없습니다. 또한 평가 결과를 3단계로만 보여주기 때문에 각 단계의 중간 수준에 대해서도 알 수 없습니다.

반면 교과학습발달상황은 학생들의 특성을 보다 구체적으로 입력합니다. 단순히 해당 교과의 성취 결과만을 기재하는 것이 아니라 교과 학습과 관련 있는 다양한 내용을 기록합니다. 교과 학습의 성취 수준이나 학습 목표에 대한 수행 능력은 물론이고 학습 과정 중에 보이는 관심과 태도에 대해서도 기재할 수 있습니다. 학습에 대한 의지와 약점을 극복하려는 노력

등을 서술하고 학생의 도전정신과 발전 가능성에 대하여 입력할 수 있습니다. 이러한 내용은 학생의 성취 수준을 파악하기 위해 필수적으로 제공되어야 할 정보입니다.

위에서 말한 것처럼 교과학습발달상황에는 교과 학습에 대한 종합적인 정보가 입력되어 있습니다. 이러한 서술 방식은 많은 장점을 지니고 있지만 학생의 성취기준 도달 여부를 판단하기에 직관적이지 않다는 단점이 있습니다. 따라서 자녀에 대한 교과 평가(3단계 평가) 결과와 교과학습발달상황을 함께 고려할 때 자녀의 학업 성취도를 정확하게 파악할 수 있습니다.

여기에서 교과학습발달상황에 궁금증을 갖는 부모님이 있을 것입니다. 통지표에서 교과학습발달상황에 관한 내용을 본 적이 없기 때문입니다. 통지표에 포함할 항목은 학교에서 결정합니다. 학교에서 학생의 교과학습발달상황을 통지표에 포함하지 않기로 결정했다면 부모님은 그러한 내용을 통지표에서 본 적이 없을 것입니다. 이러한 경우에는 학교 행정실에 요청하여 아이의 학교생활기록부를 열람하시기 바랍니다. 그곳에서 자녀의 교과학습발달상황을 확인할 수 있습니다.

3장 바른 고학년 생활

5~6학년

01
고학년, 심화되는 학습 환경

    4학년 교육과정을 마치고 5학년에 진급한 아이들은 또 한 번의 학습 환경 변화를 맞이하게 됩니다. 아홉 개의 과목을 배우던 아이들에게 '실과'라는 과목이 추가되어 학생들은 비로소 초등학교에 존재하는 모든 과목을 학습하게 됩니다. 과목의 수가 늘어난 만큼 자연스럽게 시간표에도 변화가 생깁니다. 5교시가 주를 이루던 아이들의 시간표는 이제부터 대부분 6교시로 구성됩니다. 단순히 학습하는 과목만 추가되는 것이 아니라 각 교과에서 요구하는 사고력 또한 점차 고차원적인 수준으로 발전하기 때문에 아이들은 또 한 번의 변화에 대해 적응해야 합니다.

교과 학습 내용의 수준 향상

학생들은 고학년 시기에 접어들면서 실과라는 새로운 과목을 접하게 됩니다. 실과는 아이들이 가정생활과 기술 및 정보 소양을 함양하여 주도적인 삶을 영위할 수 있도록 돕는 교과입니다. 아이들은 이 과목을 학습하며 자기 관리 역량을 함양하고 가정생활과 가정일에 대해 배우며 생활자원 관리에 대한 기초 지식을 습득합니다. 특히 최근 많은 관심을 받고 있는 로봇과 인공지능 분야에 대해 알아볼 수 있는 좋은 기회를 제공합니다.

국어 교과에서는 그동안 등장하지 않았던 '토론'이 새로운 담화 유형으로 제시됩니다. 학생들은 토론과 관련된 담화를 탐색하고 주장과 근거에 대해 학습합니다. 근거의 타당성, 자료의 적절성 등을 평가하는 과정에서 비판적 사고력을 기를 수 있습니다. 내용 파악과 관련하여 그동안은 담화의 중심 내용과 주제를 파악하는 수준의 학습이 이루어졌다면 지금부터는 담화의 생략된 내용을 추론하는 수준까지 학습의 범위가 확장됩니다. 문학적 측면에서는 시, 이야기(소설), 극(희곡)에 더하여 수필까지 등장하며 각 갈래의 특성을 본격적으로 이해하게 됩니다.

수학의 경우 3~4학년에서 배운 곱셈과 나눗셈의 영역이 확장되면서 자연수의 범위를 벗어나 분수, 소수의 범위에서 곱셈과 뺄셈을 학습합니다. 그동안 수를 비교하는 방법은 두 수의 차를 비교하는 것이었습니다. 고학년이 되면 두 수의 배를 비교하는 '비'의 개념이 등장하면서 비율, 비례식, 비례배분에 대해 배웁니다. 동시에 띠그래프, 원그래프와 같은 비율그래프를 이해하고 활용할 수 있게 됩니다. 도형에 대한 학습의 범위가 확장되면서 직육면체, 각기둥, 각뿔, 원기둥, 원뿔과 같은 입체도형이 등장하기 시작하고 부피에 대한 개념이 도입됩니다.

사회 교과의 경우 학생들이 학년을 거듭하며 핵심적인 사회 개념을 반복하고 심화하여 배워 나갈 수 있도록 교과 내용을 구성합니다. 다만 사회 현상을 다루는 세계의 범주가 달라지는데, 3~4학년 때는 주로 우리 지역에 관심을 두었다면 지금부터는 우리나라와 지구촌까지 관심의 울타리 안에 두게 됩니다. 그동안 모습을 보이지 않았던 한국사 영역 또한 이제부터 본격적으로 등장합니다. 한국사 영역은 선사 시대에서 시작하여 근현대사에 이르기까지 우리 역사의 전반을 모두 다룰 뿐만 아니라 올바른 역사 인식을 함양하게 하는 중요한 부분입니다. 역사 수업에 흥미를 가지고 참여하는 학생들은 대부분 이전에 역사 관련 도서를 접했던 아이들입니다. 따라서 본격적인 한국사 학습이 시작되기 전에 아이들이 역사에 대한 흥미를 가질 수 있도록 역사 관련 도서를 접하게 해주는 것이 필요합니다.

과학 교과의 목적은 학생들이 과학적 탐구 능력과 태도를 함양하여 문제를 과학적이고 창의적으로 해결할 수 있는 '과학적 소양'을 기르는 것입니다. 이를 위해 학생들은 주로 기초 탐구 과정을 활용해왔습니다. 기초 탐구 과정이란 관찰, 분류, 측정, 예상, 추리, 의사소통 등을 말합니다. 고학년이 되면 이러한 기초 탐구 능력을 바탕으로 하여 통합 탐구 과정을 경험하게 됩니다. 통합 탐구 과정은 문제 인식, 가설 설정, 변인 통제, 자료 해석, 결론 도출, 일반화 등으로 이루어집니다. 학생들이 통합 탐구 과정을 온전히 설계하는 것은 어려울 수 있지만 일정한 틀 안에서 과학적 탐구 절차에 따라 탐구에 참여하며 통합 탐구 과정을 습득해갑니다.

영어 교과에서는 아이들의 언어 사용 주제의 범위가 확장됩니다. 3~4학년까지는 정보 전달 목적의 담화와 글이 제시되었다면 이제부터는 의견을 전달하거나 주장 목적의 담화와 글이 제시됩니다. 자신을 소개하는 내용은 주변 사람을 소개하는 내용으로 발전되고 주변 장소나 위치, 행동 순서나 방법 설명에 대한 주제가 새롭게 추가됩니다. 언어를 받아들이는 측면에서는 소리와 알파벳을 식별하고 소리와 철자의 관계를 이해하는 수준에서 담화의 중심 내용을 파악하고 특정 정보를 찾는 등 내용 이해의 수준이 강조됩니다.

고학년의 시간표는 대부분 6교시

5학년부터 '실과' 과목이 추가되고 영어 교과의 수업 시수가 늘어나기 때문에 아이들의 시간표에 변화가 생깁니다. 3~4학년까지는 대부분이 5교시로 이루어진 시간표를 사용하였지만 지금부터는 주로 6교시로 이루어진 시간표를 사용하게 됩니다. 아래 예시 시간표를 보면서 시간표에 어떤 변화가 생겼는지 확인해봅시다.

	월요일	화요일	수요일	목요일	금요일
1교시	국어	국어	국어	국어	국어
2교시	수학	수학	수학	사회	수학
3교시	체육	사회	영어	체육	미술
4교시	영어	도덕	음악	음악	미술
점심시간					
5교시	과학	창체	과학	과학	사회
6교시	**실과**	**영어**		**실과**	**창체**

일반적으로 실과는 주당 2시간으로 배정되고 영어의 수업 시수가 주당 1시간 증가하기 때문에 학생들은 일주일에 네 번은 6교시, 한 번은 5교시를 하게 됩니다. 표면적으로 보았을 때 주당 3시간의 수업 시수 증가는 큰 변화가 아닌 것처럼 느낄 수 있습니다. 그러나 아이들이 체감하는 부담감은 생각보다 크게 다가옵니다. 특히 점심 식사 후 2시간을 연달아 수업에 집중하는 것은 이제 막 5학년에 진급한 학생들에게 어려운 일일 수 있습니다. 이 시간이 되면 유독 체력적으로 힘들어하거나 집중력을 잃는 아이들이 생깁니다. 심지어 중학교에 올라가면 차시당 수업 시간이 40분에서 45분으로 늘어나고 주당 수업 시수도 증가하므로 체력적인 부담이 더 커집니다. 이에 대비하기 위해서라도 아이들은 초등학교 고학년의 수업 시간에 반드시 적응해야 합니다.

따라서 이제부터는 부모님이 아이의 체력 관리에 관심을 가지고 노력을 기울여야 합니다. 체력 관리에서 가장 기본이 되는 것은 아이가 충분한 수

면을 취할 수 있도록 도와주는 것입니다. 저녁 시간에 잠드는 시간을 미루며 핸드폰으로 게임을 하거나 동영상을 보는 아이들이 많습니다. 바쁜 일상을 보냈더라도 일찍 잠자리에 들게 하여 충분한 수면을 취할 수 있게 한다면 아이의 체력 관리에 큰 도움이 될 것입니다.

학습 마라톤을 위한 자기주도학습 습관 기르기

'자기주도학습'이란 학습의 전체 과정을 학생이 스스로 선택하고 결정하여 피드백하는 학습 형태를 말합니다. 즉 학생이 스스로 공부의 주도권을 가지고 학습 과정을 이끌어나가는 것이지요. 하지만 많은 학생이 부모나 학원 등 다른 사람에게 의존하거나 수동적인 학습 태도를 보입니다. 자기만의 학습 전략이 없는 의존적 학습 태도는 그 효과가 일시적일 뿐만 아니라 공부에 대한 반감을 키울 수도 있습니다. 즉, 내적 동기에 의해 스스로 공부하는 자기주도학습만이 아이들의 학업 성취도를 높일 수 있습니다. '엄마가 시켜서' 혹은 '안 하면 학원에서 혼나니까' 등의 이유로 공부하는 학생과 '내가 달성하고 싶은 목표가 있으므로' 공부하는 학생은 엄연히 다릅니다. 아이들은 당장 눈앞의 단원평가가 아니라 중학교, 고등학교 학습까지 아주 긴 마라톤 레이스를 달리는 것이기 때문이죠.

나만의 공부 전략, 지금 세워야 하는 이유

초등학교 5, 6학년은 인지 발달상 주위를 살피기 시작하며 사회관계를 이해해 나가는 시기입니다. 자아 정체성이 점차 확립되면서 스스로 행동하려는 '주도성'이 커지면서도 나를 둘러싼 환경의 눈치를 보는 시기이기도 하지요. 공부를 잘하는 아이든, 잘하지 못하는 아이든 '나는 반에서 공부를 잘하는 편인 것 같아.' 혹은 '이제는 나도 공부 좀 해야 하나?' 하는 생각을 하면서 스스로 학습의 주도성을 가지고자 하는 마음이 생기게 됩니다. 이 시기가 자기주도학습 습관을 잡기에 적합한 때인 이유가 바로 여기에 있습니다. 아이들의 이런 마음을 긍정적인 방향으로 이끌어 더 늦기 전에 자신만의 공부 전략을 찾도록 해야 합니다. 이전까지는 부모가 학습의 주도성을 가지고 있었다면 그 열쇠를 아이에게 넘겨주어야 할 때입니다.

학습 플래너를 써보자

부모님이 정해준 시간에 맞게 일어나고, 학교에 가고, 학원에 가는 아이들은 갑자기 스스로 계획을 세워 무언가를 해야 한다는 것이 어색할 것입니다. 아이들이 스스로 자신의 시간을 계획하고 관리할 수 있도록 학습 플래너를 쓰는 것을 추천합니다. 시간별로 자세히 나눠 쓰는 것이 좋겠지만 처음에는 어려울 수 있습니다. 따라서 간단히 하루에 할 일을 적어나가는 것부터 시작하면 됩니다. '수학 문제집 2장 풀기', '영어 단어 10개 외우기',

'5시에 친구 만나기'처럼 내가 해야 할 일을 떠올리고 적는 것입니다. 아이들이 직접 자신의 할 일과 일정을 정리하는 것만으로도 학습을 넘어 자기 삶에 대한 주도성을 가지게 됩니다. 시중에는 다양한 학습 플래너들이 있습니다. 초등학생을 위한 간단한 체크형 플래너도 있고, 수험생용으로 나온 꼼꼼한 양식의 플래너도 있습니다. 서점이나 문구점에 가서 하나씩 살펴보고 마음에 드는 학습 플래너를 직접 사는 것을 추천합니다. 고르기 어렵다면 오늘의 할 일을 쓰고 완료한 목록은 체크 할 수 있는 부분이 있는 간단한 형태의 학습플래너를 먼저 써보는 것도 좋습니다. 처음에는 학습플래너를 쓰는 것이 귀찮고 어려울지 몰라도 하루하루 열심히 쓰다 보면 나에게 맞는 공부 방법, 플래너 작성법을 찾을 수 있을 것입니다.

자기주도성을 높이는 목표 세우기의 비밀

자기주도학습의 시작은 '목표 세우기'입니다. 하나의 목표를 가지고 이를 향해 집중하는 것은 학습효과를 극대화하는 데 도움이 됩니다. 목표를 세울 때 가장 중요한 것은 실현할 수 있는 구체적이고 단기적인 목표를 세우는 것입니다. 아이들에게 너무 장기적인 목표는 오랜 시간이 걸리기 때문에 당장 동기가 생기기 어렵고, 너무 복잡하거나 장황한 목표는 지금 당장 해야 할 일이 무엇인지 파악하기가 어렵지요. 따라서 최대한 구체적이고 단기적인 목표를 세워야 합니다. 이런 목표들을 가볍게 달성해 나가면서 아이들은 작은 성공을 경험할 수 있습니다. 예를 들어 '수학 문제집 풀기',

'과학 단원평가 공부하기'보다는 '6시까지 수학 문제집 21~23쪽 풀기', '과학 배움 공책 복습 후 교과서 45~60쪽 읽기'와 같은 목표를 세우는 것이 좋습니다. 제한 시간을 정해 해야 할 일을 정확하고 자세히 적는 것이지요. 이런 목표는 내가 지금 바로 할 일이 무엇인지 쉽게 파악할 수 있기 때문에 목표 달성을 위한 행동을 바로 실행할 수 있게 도와줍니다.

주위의 적극적인 지지가 필요해!

아이가 처음부터 학습 플래너를 막힘없이 잘 작성하며 스스로 공부하기는 어렵습니다. 처음에는 할 일을 생각해 적는 것도 어렵고, 세운 목표들을 모두 달성하지 못할 수도 있지요. 이때 부모는 아이를 적극적으로 지지해 주는 역할을 해야 합니다. 아이의 실패를 꾸짖고 책망하는 것이 아니라 아이가 그 실패를 통해 성장하도록 돕는 것입니다. 아이의 실수와 실패가 자기주도학습의 핵심이 되기 때문이지요. 여러 시행착오를 거치며 아이는 스스로 어떤 부분이 부족하고, 무엇을 개선해 나가야 할지 파악하는 메타인지적 학습을 경험합니다. 다음에는 어떻게 목표를 세워야 할지, 어떤 방법을 적용해서 나의 성공률을 높일지를 깨닫고 실천하게 되는 것이지요. 부모는 아이에게 이 사실을 충분히 설명해 아이가 실패를 겪었을 때도 좌절하지 않고 앞으로 나아갈 수 있도록 도와야 합니다. 주변의 적극적인 지지와 사랑이 바탕이 되어 아이 또한 단단해질 것입니다.

03 누적된 학습 부진에서 벗어나는 방법

　3학년 때까지만 해도 눈에 잘 띄지 않았던 학습 격차는 5~6학년이 되면서 뚜렷하게 나타나기 시작합니다. 학습 부진을 겪는 아이들은 학습 내용 심화에 따라 수업 내에서 해결해야 하는 수학 익힘책의 문제도 풀기 힘겨워하는 모습을 보이게 됩니다. 이때, 지금까지 부족한 학습을 보충하지 않으면 학습 격차가 더욱 벌어질 수 있습니다. 고학년 학습의 경우 중학교 학습과도 직결되기 때문에 세심하게 살펴야 할 부분이기도 하지요. 5학년부터는 아이들의 사춘기가 시작되면서 부모가 아이의 학습을 지도하는 것이 점점 어려워집니다. 자아 형성의 시기이니만큼 부모는 아이가 스스로 목표를 가지고 학습에 임할 수 있도록 옆에서 도움을 주는 것이 바람직할 것입니다.

현재 상태를 파악하는 것이 급선무!

학교에서는 학년 초 진단평가를 통해 아이가 작년에 배운 내용을 어느 정도 이해했는지 확인합니다. 이후 교사는 2~3주 동안 수업을 통해 아이를 살펴보면서 점차 학습 상태를 파악할 수 있게 되지요. 따라서 아이가 학습 부진을 겪고 있다면 담임 교사가 먼저 말을 꺼낼 확률이 높습니다. 하지만 부모 또한, 아이의 상태를 정확히 아는 것이 중요합니다. 아이의 학습 부진이 의심된다면 겨울방학을 이용해 EBS 사이트 혹은 시중의 문제집에서 이전 학년의 진단평가 문제를 풀어보게 하거나 이전 학년의 교과서 문제를 제시해 풀어보도록 하는 것을 추천합니다. 부모는 아이가 푼 문제를 직접 채점해보며 아이가 어떤 교과를 특히 어려워하는지, 아직 완벽히 이해하지 못한 개념은 무엇인지 등을 파악하면 됩니다. 이 작업은 학습 부진을 벗어나기 위해 꼭 필요한 단계입니다. 아이의 현재 상태를 파악해 필요한 처방을 내려줄 수 있기 때문이지요.

수학 과목의 경우 학년별로 문제를 풀어 부족한 학년과 학기의 단계부터 다시 시작하는 것이 좋습니다. 예를 들어, 소수의 나눗셈을 어려워한다면 3학년 1학기의 기초 나눗셈, 자연수 나눗셈부터 다시 연습해보고, 입체도형의 전개도를 그리는 것을 어려워한다면 4학년 1학기의 평면도형 뒤집기, 돌리기를 다시 익히며 공간 감각을 키우도록 하는 것입니다.

아직 늦지 않았다?! 마지막 기회 잡기!

물론 학습 부진을 저학년 시기에 일찍 파악해 격차를 좁히기 위해 노력했다면 가장 좋겠지만, 지금도 늦지 않았습니다. 진단평가를 통해 아이가 배움이 느린 아이라는 것을 알게 되었다면 지금이라도 다양한 방법을 통해 학습 격차를 줄이기 위해 노력해야 합니다.

① 학교 자체 프로그램 참여하기

교육부에서는 학습 부진 학생들을 위한 많은 정책을 시행하고 있습니다. 기초 학력 미달 학생들을 위해 학습지도를 하는 수업도 있고, 담임선생님과 함께 방과 후에 함께 공부하는 프로그램도 마련되어 있습니다. 진단평가 후 기준 점수에 도달하지 못한 학생이나 기준 점수와 비슷한 점수를 받아 추가 학습이 필요한 학생은 교사가 학부모님께 연락을 드려 수업에 참여할 것을 권유드립니다.

그러나 아이가 현재 다니고 있는 공부방이나 학원 등의 이유로 참여하지 못하는 학생이 많습니다. 아이 또한 학교에 남아서 공부를 한다는 것 자체로 아이들에게 놀림을 당할까 봐 참여하기 싫어하기도 하지요. 이런 마음을 충분히 이해하지만, 학교 자체 프로그램에 꼭 참여하기를 추천합니다. 일대일 지도가 거의 불가능한 수업시간과 달리 방과 후 시간에는 교사와 아이가 오랜 시간 함께하며 맞춤형 지도가 가능하기 때문입니다. 아이의 현재 학습 상태를 가장 잘 알고 있는 담임 교사에게 적절한 보충 수업을 받을 수 있는 절호의 기회이니 열린 마음으로 참여를 고민해보세요.

② 아이의 기본 집중력, 학습 자신감 키우기

배움이 느린 학생들을 살펴보면 기본적으로 집중하는 시간이 짧다는 공통점이 있습니다. 학습에 대한 성공 경험이 적기 때문에 학습 자신감도 낮은 경우가 많지요. 따라서 아이의 기본 집중력과 학습 자신감을 올리기 위한 적극적인 도움이 필요합니다. 집중력은 노력으로 충분히 키울 수 있는 영역입니다. 우선 가정에서 아이의 수준에 딱 맞거나 살짝 어려운 문제를 반복적으로 제시해 풀도록 하는 것이 좋습니다. 수준에 맞는 문제를 해결하는 과정을 반복하면 아이는 성취감과 자신감을 얻을 수 있습니다. 또한, 도전 의식을 불러일으키는 어려운 문제를 해결하면서 집중력도 자연히 늘게 되지요.

중요한 것은 아이의 노력에 대한 부모의 칭찬과 지지입니다. 스스로 학습하려는 자세에 대해 부모가 계속해서 긍정적인 피드백을 주는 것은 아이의 학습 자신감에 큰 영향을 끼칩니다. 작은 성공에도 큰 칭찬을 주며 아이를 북돋워 주세요. '나는 공부를 못하는 아이야'라는 생각에서 '나도 공부하면 되는구나!'라는 생각으로 변화하기 위해 부모의 전폭적인 지지가 필요합니다.

〈기초 학력 증진에 도움이 되는 사이트〉

① 기초학력진단-보정 시스템 https://s-basic.sen.go.kr/pt/index.do

기초 학력 미달 학생의 기초 학력 보장을 위해 체계적인 진단-보정 프로그램을 제공하는 사이트입니다. 교사의 도움을 받아 학생이 이용할 수 있습니다.

② 배우고 이루는 스스로 캠프 http://www.plasedu.org/plas

시기에 관계없이 스스로 기초적인 학습내용을 진단하고 학습할 수 있는 콘텐츠를 제공하는 사이트로 기초학력진단-보정 시스템의 자매사이트입니다. 각 학년별 학습 문제를 다운받아 사용할 수 있습니다.

③ 국가기초학력지원센터 https://k-basics.org

학력 부진 학생들을 위한 다양한 진단 도구, 보정 학습 자료, 정서·심리 지원 프로그램을 제공하는 사이트입니다. 여러 주제에 대한 콘텐츠 자료를 통해 학생들이 스스로 공부할 수 있습니다.

초등학생의 정보통신기기 활용 능력

04

알파세대는 컴퓨터와 친숙하지 않습니다

'알파세대'라는 말을 들어 보신 적 있나요? 알파세대는 2010년에서 2024년에 태어난 아이들 세대를 부르는 용어입니다. 알파세대 아이들은 태어날 때부터 기계와 친숙하게 소통하고 기술적 진보를 경험하며 자랐습니다. 이들에게 특히 친숙한 기기는 스마트폰입니다. 알파세대는 스마트폰이 본격적으로 사용되기 시작한 2010년부터 태어난 아이들이기 때문에 출생부터 스마트폰 문화와 함께 성장했습니다. 이들은 TV와 라디오에서 문화를 접하는 것이 아니라 스마트폰으로 접근하기 용이한 유튜브, SNS 등 1인 방송에서 많은 영향을 받고 그곳에서 자신들만의 문화를 만들어 나갑니다.

알파세대의 스마트폰 사용 능력은 전 세대를 통틀어 최고 수준입니다.

새로운 기능에 빠르게 반응하고 이것을 적극적으로 활용하기 때문에 기술의 진보와 보조를 맞추어 자신들의 스마트폰 활용 능력을 항상 최고의 상태로 유지합니다. 따라서 기성세대의 관점에서 볼 때 알파세대의 정보통신기기 활용 능력은 최고 수준으로 보입니다.

그런데 한 가지 재미있는 사실이 있습니다. 학급 아이들과 컴퓨터실에서 수업을 진행하다 보면 아이들의 컴퓨터 활용 능력이 상상 이상으로 낮다는 것을 느끼게 됩니다. 예전에는 아이들이 컴퓨터 학원에 다니지 않더라도 자연스럽게 가정에서 컴퓨터를 사용했기 때문에 기본적인 컴퓨터 활용 능력을 갖추고 있었습니다. 그러나 현재는 아이들이 컴퓨터를 사용해야 할 일이 많지 않고 스마트폰이나 태블릿PC 등 모바일 기기가 컴퓨터의 역할을 대체하고 있기 때문에 컴퓨터에 익숙하지 않은 아이들이 많습니다.

모바일 기기가 컴퓨터의 상당 부분 기능을 대체하고 있는 시대이기 때문에 아이들의 컴퓨터 활용 능력이 중요하지 않다고 생각할 수 있습니다. 하지만 현재는 스마트폰과 컴퓨터가 고유한 포지션에서 각자의 역할을 수행하고 있는 시기입니다. 스마트폰으로는 컴퓨터에서 할 수 있는 모든 작업을 대체할 수 없고 기능상 대체가 가능한 것처럼 보이더라도 사용 편의성이 현저히 떨어지는 경우가 많습니다.

컴퓨터 타자 능력은 기본입니다

컴퓨터를 효과적으로 활용하기 위하여 기본적으로 갖추어야 할 소양은 컴퓨터 타자 능력입니다. 컴퓨터를 자주 사용하지 않는 아이들에게 키보드 자판은 익숙하지 않은 물건입니다. 열 손가락을 동시에 활용하여 타자를 치는 것은 평소 두 손가락을 이용하여 핸드폰 문자를 입력하는 것과 매우 큰 차이가 있습니다. 따라서 핸드폰 문자 입력의 속도가 빠르다고 해서 컴퓨터 자판 입력 속도가 빠른 것은 아닙니다.

컴퓨터 타자 능력은 꾸준한 연습을 통해 신장됩니다. 글자판의 위치를 익히는 자리 연습부터 낱말 연습, 짧은 글 연습, 긴 글 연습 순으로 타자 연습을 할 수 있도록 도와 주세요. 한글 타자 능력이 어느 정도 신장되었다면 영문 타자 능력도 길러주어야 합니다. 우리 사회에서 일반적으로 사용되는 영어의 양이 늘어나고 있으며 아이들 세대에는 외국인과의 소통이 더욱 증가할 것으로 예상되기 때문에 영문 타자 능력을 기르는 것은 필수입니다.

타자 연습 프로그램은 다운로드나 설치 없이 웹상에서 바로 이용할 수 있어 접근성이 좋습니다. 또한 게임 방식을 이용한 타자 연습은 아이들의 흥미를 유발하기 때문에 효과적으로 활용할 수 있습니다.

문서 작업 능력은 아이의 성장과 직결됩니다

정보통신기기를 활용하여 아이들의 문서 작업 능력을 길러주는 것은 매우 중요합니다. 이것은 아이의 학습과 밀접한 관련이 있습니다. 초등학교 저학년 학생들은 기초적인 지식을 쌓기 위해 자신에게 주어지는 내용을 습득하는 방식으로 학습합니다. 하지만 고학년이 되면 자신이 필요한 정보를 찾아내고 이를 재구성하여 활용하는 방식의 학습을 통해 '지식정보처리 역량'을 길러야 합니다. 정보의 홍수 시대에서 세상의 모든 지식을 암기하는 것은 무의미하며 역량 중심의 교육이 아이들의 성장을 지속적으로 견인할 수 있기 때문입니다.

문서 작업을 한다는 것은 필요한 정보를 찾아 흐름에 맞게 배치하고 재구성하여 조직화한다는 뜻입니다. 정보를 재구성하고 조직화하는 과정에서 아이는 지식을 습득하고 활용하는 방법을 찾아냅니다. 뿐만 아니라 정해진 주제와 연관되어 있는 배경지식을 함께 고려해야 하기 때문에 주제에 대해 다각적으로 접근할 수 있습니다. 문서 작업을 완료하면 결과물을 친구들과 공유하며 자신의 지식 습득 과정을 되돌아볼 수 있습니다. 이러한 활동을 통해 아이의 지식청보처리 역량이 신장되고 이 역량을 바탕으로 급변하는 사회에서도 새로운 지식을 지속적으로 습득할 수 있습니다.

학생들이 학습에 자주 활용하게 되는 프로그램은 한글, MS워드, 파워포인트입니다. 한글과 MS워드는 사용 목적이 같습니다. 주제와 관련된 지식과 정보를 구체적으로 조사하여 정리하는 용도로 사용됩니다. 글꼴, 글자 크기, 정렬 방식을 조절하여 문서를 깔끔하게 만들고 강조하고 싶은 글자의 색이나 두께 등을 변경하는 방법을 알아두는 것이 좋습니다. 특히 표를 만들고 편집하는 방법을 익혀 복잡한 자료를 간단하게 정리하고 구조화할 수 있도록 지도해야 합니다.

학생들은 여러 사람 앞에서 발표하기 위한 자료를 제작할 때 파워포인트를 활용합니다. 이 프로그램은 학생들이 자신이 찾은 자료와 정보를 친구들에게 공유하는 과정에서 사용됩니다. 발표를 위한 자료를 제작하는 것이기 때문에 학생들은 파워포인트 작업을 하면서 중요한 내용이나 문장을 선별하는 능력을 갖추게 됩니다. 그림이나 사진, 동영상, 오디오 파일을 삽입하는 방법을 익히고 표와 그래프를 만드는 방법을 숙지한다면 효과적으로 발표하기 위한 자료를 제작할 수 있습니다.

최근에는 별도의 설치 없이 온라인상에서 문서 작업 프로그램을 사용할 수 있는 환경이 조성되었습니다. 온라인 프로그램을 사용하면 복잡한 절차 없이 쉽게 접근하여 협업할 수 있다는 것이 장점입니다. 이러한 방식은 학생들의 공동 문서 작업에 매우 효율적이므로 관련 프로그램의 사용 방법을 알아 두는 것이 좋습니다. 구글 문서, 구글 스프레드시트, 구글 프레젠테이션은 학생들이 쉽게 사용할 수 있는 대표적인 온라인 문서 작업 프로그램입니다. 개별 컴퓨터에서 사용할 수 있는 프로그램인 한글, MS워드, 파워포인트와 비슷한 기능을 가지고 있어 대체로 유사하지만 사용 방법에 조금씩은 차이가 있습니다.

다양한 분야에서 활용되는 동영상 제작 능력

정보통신기기가 발달하고 동영상 공유 플랫폼이 활성화되면서 동영상을 촬영하고 편집하는 것은 우리 일상에 매우 익숙한 일이 되었습니다. 그만큼 동영상을 활용하는 분야가 확장되고 있기 때문에 학생들의 동영상 제작 능력 신장에 대한 필요성도 커지고 있습니다.

동영상은 다양한 분야에서 효과적으로 활용되고 있습니다. 첫째, 지식이나 정보를 전달하기 위해 사용되고 있습니다. 글이나 사진으로 내용을 전달할 때 부족했던 부분을 동영상의 형태로 가공하여 효과적으로 공유할 수 있습니다. 둘째, 상품이나 제품의 효과적인 마케팅을 위해 사용되고 있습니다. 특히 TV나 라디오를 통해 상품을 광고해야 했던 과거와는 달리 개인이 상품에 대한 광고를 제작하고 온라인상에 배포하는 것만으로도 충분히 큰 홍보 효과를 누릴 수 있습니다. 셋째, 자신을 브랜드화하여 특정 분야에 대해서 자신을 떠올리게 만드는 '퍼스널 브랜딩(Personal Branding)'을 위해 사용되고 있습니다. 동영상 공유 플랫폼에 업로드하는 영상 콘텐츠의 파급력은 상상을 초월합니다. 그곳에서 자신의 꿈과 매력, 재능 등을 호소하여 퍼스널 브랜딩에 성공한 사람들은 관련 분야의 진로를 개척하는 기회를 얻고 있습니다.

　동영상 편집에 활용할 수 있는 프로그램은 매우 다양합니다. 컴퓨터에서 사용할 수 있는 전문가급 프로그램이 존재하지만, 스마트폰이나 태블릿PC로 쉽게 접근할 수 있는 프로그램도 있습니다. 스마트폰으로 사용하는 프로그램은 복잡한 절차를 간소화하여 효율적인 작업을 가능하게 하였다는 것이 장점입니다. 동시에 충분히 질 높은 영상을 제작할 수 있어 학생들이 활용하기에 좋습니다. 무료로 사용할 수 있는 스마트폰용 편집 프로그램은 캡컷, 키네마스터, 블로 등이 있습니다.

　동영상 편집을 위해 가장 기본적으로 배워야 할 내용은 영상 자르고 붙이기, 자막 편집 및 디자인하기, 음악 삽입하기입니다. 이 정도 기능만 익히더라도 매력적인 영상을 만들고 주제와 관련된 메세지를 충분히 전달할 수 있습니다. 더불어 마스크(Mask) 기능과 애니메이션(Animation) 기능을 이해하면 다채로운 구성의 영상을 제작할 수 있습니다. 마지막으로 편집 프로그램에 내장되어 있는 몇 가지 효과를 적절하게 사용한다면 영상미까지 갖춘 영상 콘텐츠를 제작할 수 있습니다.

05 방학 200퍼센트 활용하기

방학은 아이의 지난 1년, 한 학기를 돌아볼 수 있는 시간입니다. 그리고 다음 학기를 위해 준비하는 시간이기도 하지요. 매번 일찍 일어나고, 일찍 잠드는 방학 생활 계획표를 세우지만 거의 지키지 못하는 것이 현실입니다. 얼렁뚱땅 하루하루를 보내다 보면 아무것도 한 게 없는데 방학이 끝나 버린 생각이 들고, 어딘가 찝찝한 마음을 가진 채 새 학기에 들어서게 되는 경우가 많습니다.

방학은 단순히 '학교에 가지 않고 노는 시간'이 아니라 '학습 재충전을 위한 시간'입니다. 이런 황금 같은 시간을 어떻게 보내느냐에 따라 다음 학기 아이의 생활이 결정된다고 해도 과언이 아니지요. 곧 중학생이 되는 아이들, 남은 방학 동안 꼭 해야 하는 활동은 무엇일까요? 200퍼센트 알차게 방학을 보내는 방법을 소개합니다.

평소의 생활 루틴을 유지하자

방학이 끝나고 나서 우리 반 아이들에게 질문을 던졌습니다.
"방학 동안 아침 9시 전에 일어난 사람?"
손을 든 아이는 놀랍게도 평소에 학습 태도가 좋은 2명뿐이었습니다.
"에이, 선생님 방학인데 왜 9시 전에 일어나요."
"쟤는 저러니까 공부 잘하나 봐!"

나머지 아이들은 이런 말을 했던 기억이 납니다. 물론 방학인 만큼 학기 중보다 많이 놀고, 늦게 자고, 늦잠도 잘 수 있지요. 하지만 학기 중 다져놓았던 좋은 습관을 놓치는 건 참 아쉬운 일입니다. 다시 일찍 자고 일찍 일어나는 습관을 세우기도 매우 어렵고 오래 걸리기 때문입니다.

방학을 알차게 보내고 싶다면 학기 중의 생활 습관을 유지하는 것을 추천합니다. 실제 등교를 할 때만큼 일찍 일어나는 것이 아니더라도 최소 9시 전에는 하루를 시작하면 좋습니다. 학교를 가지 않아 할 수 있는 게 없다면 학교에서 여는 다양한 프로그램에 참여하는 것도 좋은 방법입니다. 학교마다 차이는 있지만, 보통 영어나 스포츠 캠프를 열어 아이들이 수업을 받을 수 있도록 하는 경우가 많습니다. 학교 도서관을 개방한다면 가서 책을 읽어도 되고, 방과후교실에서 평소 배우고 싶었던 것을 배울 수도 있지요. 보통 이런 캠프나 방과후교실은 방학 한 달 전쯤 가정통신문을 통해 안내되니 절차에 따라 신청하면 됩니다.

지난 학기 복습은 선택이 아닌 필수

한 학기, 혹은 한 학년을 끝내고 나면 자연스럽게 다음 학기를 준비하는 것에 집중하게 됩니다. 아이도, 부모도 전 학기에 썼던 교과서는 버려둔 채 새로운 학기의 문제집, 교과서를 들여다보기 시작하지요. 하지만 다음 학기보다 더 중요한 것은 지난 학기에 대한 복습입니다. 탄탄한 토대 위에 튼튼한 건물을 세울 수 있는 것처럼 방학 동안 지난 학기에 배운 내용을 잘 정리하여 온전히 내 것으로 만드는 과정이 필요합니다. 배운 내용, 핵심 개념을 표나 마인드맵 형식으로 정리하는 것처럼 말이지요.

특히 계통성이 두드러지는 수학 과목은 직전 학년이나 학기의 학습이 잘 되어있지 않으면 다음 내용을 원활하게 이해하기 어렵습니다. 예를 들어 6학년 1학기에 배우는 분수의 나눗셈은 5학년 1학기 약수와 배수, 약분과 통분, 2학기 분수의 덧셈과 뺄셈, 분수의 곱셈까지의 모든 내용에 대한 이해가 필요합니다. 즉, 지난 학기에 대한 복습을 통해 단단하게 기초를 쌓는 것이 필수적이지요.

5-1 4. 약분과 통분	5-2 5. 분수의 덧셈과 뺄셈	5-2 2. 분수의 곱셈	6-1 1. 분수의 나눗셈
최대공약수와 최소공배수 (5-1 2. 약수와 배수)를 이용해 약분과 통분하기	약분과 통분 개념을 이용해 분수를 더하고 빼기	분수의 덧셈을 이용해 (분수)×(자연수) 이해하기	분수의 곱셈을 이용해 나눗셈 문제 해결하기

그러므로 방학 동안 수학 익힘책이나 수학 문제집의 틀린 문제들을 다시

풀거나 학기 전체의 내용에 대한 문제를 다시 풀면서 배운 내용을 살펴보는 것이 좋습니다. 무조건 다음 학기 문제집을 사는 것보다는 실력에 따라 보충·심화 문제집을 골라 풀며 복습하는 것이 훨씬 효과적일 것이라 확신합니다.

프로젝트 여행, 체험학습으로 다양한 경험 쌓기

방학이 특별한 이유는 학기 중에는 할 수 없었던 일을 경험할 수 있다는 데 있습니다. 부모와 함께 보내는 시간이 많아지면서 다양한 학습을 할 수 있게 되지요. 특히 고학년 시기의 방학은 아이가 평소 관심 있었던 분야를 공부할 수 있는 기회이기도 합니다. 아이의 흥미를 고려해 함께 전시회나 미술관, 박물관 등을 다녀올 수도 있고, 배우고 싶었던 게 있다면 도서관에 가서 책을 읽거나 원데이 클래스, 체험학습관을 이용할 수도 있지요. (최근에는 예약제가 많아졌기 때문에 박물관 입장, 체험학습관 등은 한 달 전에 예약하고 가는 것을 추천합니다.)

저는 5학년, 6학년 아이들에게는 방학 동안 꼭 최소 1번 이상의 프로젝트 여행을 다녀오라고 이야기합니다. 프로젝트 여행이란 특별한 체험이나 관람 등의 목적이 있는 여행을 말합니다. 고조선부터 대한민국 현대사까지의 역사를 배우는 시기에 유적지를 방문해 탐방하는 것은 그 자체만으로도 훌륭한 학습적 효과가 있기 때문입니다. 이때 아이와 함께 여행을 계획한다면 그 효과는 배가 됩니다. 아이가 특별히 궁금한 도시나 역사적 장소를 정하도록 하고 어떤 것을 둘러볼 것인지, 밥은 어디서 먹을지 등을 계획을 세우도록 하는 것이지요. 어려워한다면 큰 틀 정도는 부모가 도와줄 수 있지만, SNS나 검색 기능이 잘 되어있는 요즘은 아이 혼자서도 이 정도는 거뜬히 해낼 것입니다.

내가 스스로 세우는 여름방학 프로젝트 여행 계획 세우기!									
여행 기간	년	월	일	요일 ~	년	월	일	요일	
여행 장소									
가고 싶은 이유									
교통편, 예상 경비									
볼거리(두 곳 이상)									
가보고 싶은 이유									
유명한 음식·식당									
예상 경비									

06 전교 임원이 되고 싶어요

전교 임원 선거는 이때부터 참가할 수 있습니다

전교 임원은 전교 어린이회를 이끌고 학교 전체의 학생 자치 활동을 책임지는 역할입니다. 따라서 전교 임원은 학교에서 선배의 위치에 있는 고학년 아이들이 맡습니다. 일반적으로 5학년이 되면 전교 어린이회 부회장 후보로 출마할 수 있고 6학년이 되면 전교 어린이회 회장 후보로 출마할 수 있습니다. 학교마다 전교 임원을 구성하는 모습에는 차이가 있지만 일반적으로 6학년에서 전교 어린이회 회장과 부회장을 선출하고, 5학년에서는 전교 어린이회 부회장을 선출합니다.

전교 임원만이 얻을 수 있는 가치

전교 어린이회 임원이 되는 것은 매우 어려운 일입니다. 전교 학생 중 선택 받은 소수만이 전교 어린이회 임원으로 활동할 수 있습니다. 소수에게만 허락된 자리인 만큼 전교 임원 선거에 출마하는 것 자체가 아이들에게는 큰 도전입니다. 전교생 앞에 나서서 자신을 뽑아달라며 연설하는 상상을 하면 심장이 쿵쾅대며 아찔한 느낌이 들 것입니다.

그럼에도 불구하고 전교 임원 선거에 도전해볼 만한 가치는 충분합니다. 선거 활동을 하는 것만으로도 아이의 성장에 큰 도움이 되며, 전교 임원으로 활동하게 된다면 일반적인 아이들은 결코 배울 수 없을 만한 것들을 경험할 수 있습니다.

전교 임원으로 활동하는 것은 리더십을 함양할 수 있는 기회입니다. 학교생활을 하며 리더십을 발휘할 수 있는 기회를 얻는 것은 드문 일입니다. 학급 임원이 되거나 전교 임원이 되지 않는다면 다수의 친구들을 이끌고 그들을 위해 봉사할 수 있는 경험을 쌓는 것은 쉽지 않습니다. 특히 전교 임원은 그동안 아이가 경험해보지 못했던 큰 규모의 학생 자치회를 이끌어야 합니다. 그만큼 고려해야 할 사항도 많고 부담감도 크겠지만 이것을 극복하고 자신의 역할을 해내는 과정은 분명히 아이의 성장에 도움이 될 것입니다.

또한 전교 임원은 어떠한 일이 있을 때 학생들을 대표하는 임무를 수행해야 합니다. 예를 들어 운동회에서 학생 대표 선서를 하거나 축제에서 사회를 맡아 행사를 진행하는 등 리더십을 보여야 하는 경우가 많습니다. 이렇게 전교 임원은 학생 자치회를 이끌고 학생들을 대표하는 역할을 수행하며 리더십을 함양하게 됩니다.

전교 임원은 적극적인 자치 활동을 경험할 수 있습니다. 전교 임원이 되기 전 아이가 경험할 수 있는 자치 활동은 학급 어린이회 활동입니다. 학급 어린이회는 전교 어린이회에 비해 규모가 작고 학생들의 관심이 크지 않을 수 있습니다. 하지만 전교 어린이회는 자치 활동에 관심이 많은 전교의 학급 임원들이 참여하기 때문에 자치 활동에 대한 높은 추진력을 얻을 수 있습니다. 학교 안에 존재하는 다양한 문제를 해결하기 위해 스스로 노력하고 학생들을 위해 개최할 수 있는 행사를 기획하는 과정이 좀 더 매끄럽게 진행됩니다. 또한 전교 어린이회에는 자치 활동을 위해 예산이 지원되는 경우가 많습니다. 학급에서는 금전적인 문제로 인해 추진할 수 없었던 행사를 전교 어린이회에서는 충분히 진행할 수 있습니다. 학생 자치를 위해 실현할 수 있는 활동의 범위가 넓어지기 때문에 전교 임원은 보다 활발하고 적극적인 자치 활동을 경험하게 되는 것입니다.

전교 임원 선거에서 당선되는 방법

첫째, 학급 임원 선거에 당선되는 방법을 활용해야 합니다. '학급 임원 선거에서 당선되는 법'에 언급된 방법들은 집단의 대표로 나서기 위해 가장 기본적으로 해야 할 일들입니다. 전교 임원 선거에서도 마찬가지로 위의 방법들을 적극적으로 따라야 합니다. 먼저 일상생활에서 친구들에게 신뢰를 쌓아야 합니다. 평소 자신의 일을 명석하게 해내고 친구들에게 선행을 베풀며 좋은 이미지를 쌓는 것은 기본 중의 기본입니다. 다음으로 선거를 위해 준비된 모습을 보여주어야 합니다. 후보의 준비된 자세는 그 자체로 유권자들에게 호감을 느끼게 합니다. 또한 철저한 준비성은 다른 후보와 자신을 차별화할 수 있는 무기로 작용할 수 있습니다. 마지막으로 참신한 공약 발표를 준비해야 합니다. 공약의 내용을 최대한 구체적이고 독창적으로 구성하는 것이 좋습니다. 그것에 더하여 신선한 방법으로 이를 전달한다면 아이들의 관심을 효과적으로 이끌어 낼 수 있습니다.

둘째, 먼저 학급 임원 선거에 도전해야 합니다. 전교 임원이 되기 위해서는 자신이 전교 임원의 자질을 갖추었다는 사실을 아이들이 인식할 수 있도록 해야 합니다. 학급 임원으로 활동하는 것은 아이들에게 자신의 역량을 보여줄 수 있는 좋은 기회입니다. 학급 임원의 역할을 성실하게 수행하며 학급 자치회를 원활하게 운영하는 것은 곧 친구들에게 자신의 역량을 증명하는 일입니다. 동시에 친구들을 돕고 배려하며 학급을 위해 봉사한다면 자신의 도덕적 자질마저 자연스럽게 어필할 수 있습니다. 이렇듯 학급 임원 활동은 자신에 대해 홍보할 수 있는 좋은 기회입니다.

학급 임원의 경험이 있는 아이는 친구들에게 익숙한 임원 후보로 자리잡습니다. 사람들은 낯선 것들 사이에 있을 때 익숙한 것에 끌리는 경향이 있습니다. 학급 임원 선거와 달리 전교 임원 선거에는 낯선 후보들이 존재합니다. 평소에 학급 임원으로서 좋은 평판을 얻고 학생들에게 자주 노출된 학생은 전교 임원 선거에서 익숙한 후보로 느껴집니다. 자신에게 익숙한 후보가 이미 신뢰할 수 있는 사람이라고 판단된다면 학생들은 그 후보에게

표를 던질 것입니다.

　셋째, 기호 1번을 선택해야 합니다. 전교 임원 후보가 모두 등록되면 각 후보들은 자신의 고유번호를 받습니다. 우리는 이 고유번호를 '기호'라고 부릅니다. 기호 순서를 정하는 방식은 학교마다 차이가 있을 것입니다. 무작위로 기호 순서를 추첨한다면 자력으로 할 수 있는 일이 없지만, 만약 기호 순서를 결정할 수 있는 기회가 생긴다면 1번 또는 앞 순서의 기호를 선택해야 합니다. 현재 대통령 후보의 기호 순서를 정하는 첫 번째 기준은 '국회에서 의석을 가지고 있는 정당 추천 후보자(국회에서의 다수 의석순)'입니다. 쉽게 말해 가장 많은 국회의원이 소속된 정당의 후보가 기호 1번을 가져가는 것입니다. 이는 기득권을 유지하기 위해 생긴 제도입니다. 앞 순서의 기호 번호를 가져가는 것이 당선에 유리하다는 것은 정치계에서 이미 증명된 사실이라는 것입니다. 앞 순서의 기호를 받은 후보는 '초두효과'를 누립니다. 초두효과란 인간이 시간의 간격을 두고 정보를 받아들일 때 초기정보가 후기정보보다 더 중요하게 작용하는 것을 말합니다. 반대로 뒤 순서의 기호를 받는 것은 후보에게 불리하게 작용할 수 있습니다. 초두효과를 누리지 못할 뿐 아니라 차례대로 이루어지는 후보 공약 발표 연설에서 시간이 지날수록 흥미와 집중력을 잃는 학생들에게 자신의 이야기를 제대로 전달하기 어렵기 때문입니다.

　넷째, 선거 유세 기간을 200퍼센트 활용해야 합니다. 전교 임원 선거의 특징은 자신을 잘 모르는 불특정 다수의 표심을 꼭 잡아야 한다는 것입니다. 후보가 이러한 학생들에게 개별적으로 다가가 자신을 어필하는 것은 불가능합니다. 그렇기 때문에 후보들은 이들을 대상으로 자신에 대해 홍보

할 수 있는 선거 유세 기간을 효과적으로 활용해야 합니다. 이것은 아무리 강조해도 지나치지 않는 중요한 사항입니다.

　선거 유세 기간은 길지 않습니다. 선거 유세가 가능한 시간도 등교 시간이나 점심 시간 등으로 매우 짧은 편입니다. 짧은 시간 안에 학생들에게 깊은 인상을 심어주어야 합니다. 그렇기 때문에 학생들이 쉽게 기억할 수 있을 만한 것을 찾아 활용하는 것이 좋습니다. 추천할 수 있는 방법 중 한 가지는 인기 있는 노래를 개사하여 유세에 활용하는 것입니다. 학생들에게 짧은 시간 안에 자신의 존재를 각인시키는 것은 쉽지 않습니다. 하지만 학생들이 좋아하는 노래를 유세 활동에 활용한다면 그들은 후보에 대해 관심을 가질 것이며 후보의 존재를 쉽게 기억할 것입니다.

07 사춘기 아이들의 교실 속 생활 모습

초등학교 고학년이 되면 상당수의 학생들이 사춘기에 접어듭니다. 아이들의 신체는 남성과 여성의 특징이 두드러지는 방향으로 변화하고, 이와 동시에 아이들의 마음에도 커다란 변화가 찾아옵니다. 감수성과 자아의식이 높아지고 구속과 간섭을 싫어하며 사회적 관계에 민감하게 반응합니다. 이러한 신체적, 정서적 변화는 아이들의 행동에 변화를 만들고 사춘기 아이들이 모인 교실의 풍경은 이전과는 확연하게 달라집니다. 사춘기 아이들의 교실 속 생활 모습은 어떠할까요?

자신의 의견을 발표하는 일에 소극적인 아이라면

　초등학교 학생들의 수업 태도를 관찰해보면 학년이 올라감에 따라 학생들의 수업에 대한 적극성이 점점 떨어지는 것을 확인할 수 있습니다. 물론 모든 아이들이 이와 같은 경향성을 나타내는 것은 아니지만 상당수의 아이들은 고학년이 되면서 수업에 능동적이지 않은 태도로 참여하는 모습을 보입니다. 특히 자신의 의견이나 느낌을 발표하는 일에 주저하는 일이 많습니다. 이전에는 자신의 생각을 분명하고 자신 있게 발표하며 그 자체를 즐거워하였습니다. 하지만 고학년이 되면서 아이들은 타인의 시선을 의식하기 시작합니다. 친구들이 자신의 발표에 대해 어떻게 평가할 것인지에 대한 문제가 발표를 함에 있어 중요한 고려 요소로 작용합니다.

　이러한 상황에서 발표에 대한 타인의 피드백은 향후 아이의 발표 의욕을 결정하는 데 큰 영향을 미칩니다. 자신의 발표에 대하여 사람들의 부정적 반응을 감지한 아이는 자신의 생각이나 느낌을 사람들 앞에서 말하는 일이 두렵게 느껴질 수 있습니다. 따라서 부모님과 선생님은 이 시기의 아이들이 자신의 의견을 자유로운 분위기에서 말할 수 있는 환경을 조성해야 하며 아이가 적극적으로 발표할 수 있도록 격려해야 합니다. 아이의 발표 내용이 정답에 가까운지 판단하기보다 자신의 생각이나 느낌을 자신감 있게 말하고 의견을 적극적으로 표현할 수 있는지를 중점적으로 살펴야 합니다. 학년이 올라갈수록 자신의 생각이나 느낌을 말하는 것에 소극적으로 변하는 아이들 사이에서 자녀의 발표 능력을 조금만 향상시켜준다면 이는 자녀에게 큰 강점으로 작용할 것입니다.

새로운 인간관계 형성 방식

학년이 높아질수록 아이들은 점점 더 많은 시간을 학교에서 보내게 되고 필요에 따라 다양한 학원을 다니면서 가족과 이전만큼 많은 시간을 보낼 수 없게 됩니다. 반면에 학교와 학원에서 만나는 친구들은 가족의 역할을 일정 부분 대체하며 아이들에게 중요한 부분으로 자리매김합니다. 아이들은 이제 친구의 의미를 새롭게 정립합니다. 친구란 단순히 놀이를 함께하는 사이가 아니라 서로를 인정하고 위로해주며 고민을 들어주는 존재인 것입니다.

이 시기의 아이들은 모든 사람과 친하게 지내야 한다는 것에 동의하지 않습니다. 학기 초 새로운 학급에 배정된 아이들은 새로운 친구를 만들기 위해 분주하게 탐색 활동을 합니다. 같은 반에 배정된 아이들 중에서 자신의 성향과 잘 어울리고 서로의 생각을 편하게 나눌 수 있는 친구를 찾게 됩니다. 같은 반 친구라면 어느 정도 모두 친하게 지낼 수 있었던 저학년 때와 달리 고학년이 된 아이들은 확실하게 자신의 성향에 맞는 친구를 찾아 관계를 맺습니다. 만약 학급에 자신의 성향과 맞지 않는 아이가 있다면 굳이 친해지려는 노력을 하지 않으며 성향이 잘 맞는 아이들끼리 무리를 짓기도 합니다.

사춘기 아이들은 무리를 형성하는 특성을 지니고 있습니다. 친구와 일대일 관계를 맺는 것도 중요하지만 셋 이상의 친구들이 모여 무리를 이루며 결속력을 다지는 경우가 많습니다. 아이들의 교우 관계망을 살펴보면 대부분은 삼삼오오 모여 무리를 이룹니다. 반면에 여러 아이들과 치우침 없이 두루 인간관계를 맺는 아이는 많지 않습니다. 일반적으로 이 시기의 아이들은 의존적 성향을 띠기 때문에 무리에서 이탈되는 것을 매우 불안해 합니다. 따라서 자신의 소신에 따라 독립적으로 행동하기보다는 친구들의 요구에 부합하는 행동을 하는 경우가 있습니다.

무리짓기는 집단에 소속되어 안정감을 얻고 싶은 아이들의 사회적 욕구를 충족시켜준다는 점에서 긍정적인 측면을 지닌다고 할 수 있습니다. 하지만 무리짓기에는 부정적인 측면도 있습니다. 무리에 대한 우정이 잘못된 방향으로 발현되면 같은 무리에 속하지 않은 아이들에게 지나치게 배타적인 태도를 갖게 됩니다. 같은 무리에 속한 친구가 다른 아이와 갈등이 생겼을 때 자신과 관련된 일이 아님에도 불구하고 이에 적극적으로 개입하는 경우가 생깁니다. 개인의 갈등으로 시작한 일이 집단 간의 갈등으로 번져 문제의 골이 깊어질 수 있습니다.

이성에 대한 관심이 급격하게 증가

사춘기에 접어든 아이들은 커다란 신체 변화를 겪게 되는데, 주변에 있는 친구의 변화 또한 감지하게 되면서 남성과 여성의 차이에 대해 구별하기 시작합니다. 그동안 동성 친구와 이성 친구를 구분하는 기준은 남녀에 대한 사회적 기대에 따른 행동이었습니다. 예를 들면 남자 아이들은 머리를 짧게 자르고 여자 아이들은 치마를 입는 것과 같은 행동입니다. 하지만 이제는 그러한 행동을 제외하더라도 남녀가 신체적으로 확연하게 구분되기 때문에 동성 친구와 이성 친구는 다른 존재라는 것을 알게 됩니다. 이성 친구에게는 자신이 알지 못하는 세계가 감춰져 있습니다. 이러한 이유로 아이들은 자연스럽게 이성에게 호기심을 가지게 됩니다.

이성에 대한 관심이 높아진 만큼 이성으로부터 관심 받기를 원하는 것은 자연스러운 일입니다. 대부분의 아이들은 부끄러운 마음에 이성 친구와 어울리거나 관계를 맺는 것에 대해 관심이 없는 것처럼 말합니다. 그러나 아이들의 행동을 유심히 살펴보면 이성의 관심을 끌기 위해 하는 행동이 적지 않다는 것을 알 수 있습니다. 관심이 가는 친구를 괜스레 놀리면서 티격태격하는 상황을 만들기도 하고, 전혀 의식하지 않는 것처럼 행동하지만 이성 친구 근처에 계속 머물며 관심 받기를 기다리기도 합니다. 겉으로 드러내지는 않지만 이성에게 관심 받는 것을 은근히 기대하고 기다리는 것은 이 시기 아이들이 보이는 특징입니다.

이성에 대한 관심이 또래에 대한 관심으로 이어지지 않고 연예인이나 아이돌 등에 대한 관심으로 변화하는 경우도 있습니다. 또래 아이를 좋아하게 되었을 때 그 마음을 표현하는 것은 매우 큰 용기가 필요합니다. 어떤 방식으로든 자신에 대한 상대의 반응을 느낄 수밖에 없기 때문입니다. 하지만 아이돌을 좋아하는 일은 거절에 대한 두려움을 느낄 필요가 없습니다. 동시에 이성을 좋아하고 그 마음을 표현하고 싶은 욕구를 충족할 수 있습니다. 위와 같은 이유로 많은 아이들이 아이돌 '덕질'에 빠져들기 시작합니다. 아이돌을 추종하는 덕질 문화는 일반적으로 남학생보다 여학생 사이에서 활발하게 일어나는 경향이 있습니다.

소수의 아이들이지만 실제로 이성 친구와 교제하는 경우도 더러 있습니다. 공개적으로 연애를 하는 아이들은 다른 친구들에게 놀림감이 되기도 하지만 부끄러움을 이겨내고 용기 있게 교제를 시작합니다. 재미있는 사실은 아이들이 연애를 시작한다 하더라도 이전과 크게 달라지는 점이 없다는 것입니다. 어른들이 데이트를 하듯이 학교 외의 공간에서 만나 함께 시간을 보내는 일은 실제로 많지 않습니다. 그렇다고 학교에서 연인처럼 붙어 다니는 것도 아닙니다. 오히려 지나가다 마주치더라도 쑥스러워하며 반갑게 인사하지 못하는 경우가 허다합니다. 그저 두 사람이 서로 좋아하는 사이라는 것을 공언할 뿐 그 이상의 행동적 변화는 크지 않습니다.

벌써 연애를 시작한 아이

'올해 안에 연애하기', '6학년 때는 꼭 여자친구 만들기'. 6학년 아이들이 쓴 올해의 버킷리스트 중 하나입니다. 고학년이 되면서 '모태 솔로', '고백' 등의 단어가 아이들 사이에서 빈번하게 등장하기 시작합니다. 연애하는 것에 관심을 가지면서 남자친구, 여자친구를 사귀고 싶어 하는 마음이 생기는 것입니다. 아이들이 이성에 관심을 가지는 것은 참 당연한 일입니다. 그러다가 아이들끼리 사귀기도 하고 헤어지기도 하지요. 하지만 부모 입장에서는 우리 아이가 연애한다는 것 자체가 궁금하기도 하고 걱정되는 것이 사실입니다. 아이의 연애가 궁금하다면, 혹은 아이가 이성 친구를 사귄다는 사실을 알게 되었다면 어떻게 하는 것이 좋을까요?

아이에게 필요한 관심을 주자

아이에게 좋아하는 사람이 생겼다면, 아이가 연애를 시작한 것 같다면 부모는 궁금증이 폭발합니다. 그래서 자꾸 아이에게 "고백은 어떻게 받았어?", "걔는 어떤 아이야?", "걔랑 만나서 뭐해?" 하며 무수한 질문들을 던지게 되지요. 가끔 너무 궁금한 나머지 아이의 핸드폰을 몰래 보며 대화 내용을 확인하는 부모도 있습니다.

아이의 연애사를 알고 싶은 부모님의 마음은 백번 이해합니다. 하지만 저는 학부모님께 "너무 많이 알고자 하지 않는 것이 좋다"고 말씀드리는 편입니다. 아이 중에는 부모의 이런 궁금증 섞인 질문이 부담스러워 오히려 더 입을 닫는 경우가 많기 때문입니다. 부정적인 말을 들을까 봐, 혹은 연애한다는 것 자체로 혼날까 봐 말을 하지 않는 것이지요. 실제로 6학년인 아이들에게 물어보니, 부모님께 연애 사실을 말하면 "공부는 안 하고 무슨 남자친구야!"라는 말을 들을까봐 알리고 싶지 않다고 하는 학생들이 많았습니다. 따라서 부모가 아이의 연애를 자세히 알려고 캐묻기보다는 아이를 걱정하고 우려하는 부모의 마음을 아이가 이해할 수 있도록 솔직하게 얘기하는 편이 좋습니다. 이와 동시에 아이들끼리 건전하게 만날 수 있도록 격려하는 것이지요. 예를 들어, "엄마는 네가 남자친구를 사귀면서 공부에 소홀해질까 걱정돼.", "네가 여자친구를 사귀면서 위험한 행동을 할까 걱정돼."라고 마음을 전하는 것입니다. 과도한 신체접촉 하지 않기, 둘만 있는 위험한 장소에 가지 않기 등 아이들이 조심해야 할 것들을 알려주는 것도 중요합니다.

마음에는 잘잘못이 없어

아이들은 이성 친구를 사귀고 헤어지는 과정에서 서로 상처를 입히고, 상처를 입기도 합니다. 좋아하는 상대에게 고백했지만 거절당해 화를 내는 아이도 있고, SNS로 이별 통보를 받고 펑펑 우는 아이도 있지요. 아이들이 이런 마음을 자연스럽게 받아들일 수 있도록 마음에는 잘잘못이 없다는 사실을 꼭 알려주어야 합니다. 내가 상대방을 좋아한다고 해서 꼭 상대방도 나를 좋아해야만 하는 것은 아니라는 것, 나를 좋아하거나 좋아하지 않는 것은 내가 어찌할 수 있는 것이 아닌 상대방의 영역이라는 것을 이해하도록 하는 것이지요. 이를 이해하고 나면, 아직 만남과 헤어짐이 서툰 아이들이 조금 더 주체적으로 자신의 마음에 따라 행동할 수 있게 됩니다.

사실 이 시기 아이들의 연애에 큰 의미를 두지 않아도 됩니다. '모태 솔로'를 탈출하고자 몇 시간만 사귀는 아이들도 있고, 보통 길어야 2주에서 한 달 정도 사귀는 아이들이 대부분이기 때문입니다. 또 아이들에게 이성 친구는 성별이 다를 뿐, 가장 친한 친구의 다른 말이기도 합니다. 그러니 아이들의 연애를 너무 진지하게 받아들이는 것보다는 친한 친구와 건전하게, 좋은 우정을 이어 나갈 수 있도록 돕는 것이 아이와 부모 모두에게 좋은 해결책일 것입니다.

이 시기에 꼭 필요한 인성 교육
(사이버폭력, 성폭력)

이제는 가까운 곳에 존재하는 성폭력 문제

사춘기 접어 든 아이들은 성에 대해 많은 관심과 호기심을 가지게 됩니다. 성에 대한 호기심은 매우 강력한 감정이기 때문에 때로는 이성적인 자제력을 잃게 되는 위험에 질 수 있습니다. 따라서 이 시기에 제대로 된 성폭력 예방교육을 실시하여 타인에게 불쾌감을 주거나 수치심을 느끼게 하는 행위를 방지해야 합니다. 성 관련 사안은 접수와 동시에 이를 즉시 수사기관에 신고하도록 되어 있습니다. 한번 발생하면 결코 가볍게 넘길 수 없는 심각한 문제임을 명심해야 합니다.

우리나라에서는 성폭력과 성희롱의 개념을 다음과 같이 정의하고 있습니다. 성폭력이란 폭행이나 협박, 위계, 위력 등을 사용하여 상대방의 성적 자기결정권을 침해하는 모든 성적 행위를 말합니다. 성폭력의 종류에는 강간, 강제추행, 스토킹, 사이버 성폭력, 카메라 등을 이용한 촬영 등이 있습니다. 아동에 대한 성희롱이란 아동에게 성적 수치심, 굴욕감 또는 혐오감을 느끼게 하거나 건전한 성적 가치관의 형성 등 조화로운 인격 발달을 현저하게 저해할 우려가 있는 행위를 말합니다. 특히 강조해야 할 부분은 '상대방의 동의 없이', '성적 수치심 또는 모욕감', '성폭력은 인권 침해'와 같은 내용입니다.

　성폭력의 유형 중 강간, 강제추행, 스토킹 등은 그 개념이 비교적 명확하여 학생들이 당연하게 성범죄로 인식합니다. 하지만 비교적 일상적인 상황에서 발생할 수 있는 성폭력 중에서 학생들이 제대로 자각하지 못하는 것들이 있습니다. 따라서 아이들에게 성폭력이나 성희롱으로 간주될 수 있는 여러 가지 예를 제시하여 어떠한 행동이 성폭력이나 성희롱으로 여겨질 수 있는지 판단하는 능력을 길러주어야 합니다. 가벼운 장난이라고 생각한 행동이 상대방에게 성적인 모욕감을 불러일으키는 경우가 많습니다. 아이들은 반드시 장난과 성범죄 행위를 구분할 수 있어야 합니다. 다음은 성폭력에 대한 개념을 바르게 정립하지 못한 아이들이 저지를 수 있는 성폭력 또는 성희롱 관련 행동 예시입니다.

유형	행동 예시
신체적	예쁘다며 껴안는 행위 헤드락을 하거나 뺨 등을 비비는 행위 옷 등을 들추거나 잡아당기는 행위 머리, 손, 턱선, 어깨, 귓불, 목, 허벅지, 얼굴 등을 만지는 행위 똥침 등 생식기와 관련된 장난을 하는 행위
언어적	신체부위에 대해 언급하거나 평가하는 행위 성적인 농담, 비유, 음담패설을 하는 행위
시각적	슬금슬금 위아래로 훑어보는 행위 특정 신체부위를 응시하거나 들여다보는 행위 화장실에서 소변을 보는 친구의 모습을 보는 행위 통신매체를 이용하여 성적인 행위, 언행, 사진, 그림, 영상을 전송하는 행위 칠판 등에 성적인 비유 등과 관련된 음란한 그림을 그리거나 문구를 쓰는 행위 성과 관련된 특정 신체부위를 고의적으로 노출하는 행위
분위기	지속적·반복적으로 따라다니거나 지켜보고 연락함으로써 공포나 두려움을 느끼게 하는 상황

　상대방의 부적절한 신체 접촉 등으로 성적인 수치심을 느꼈다면 숨기려고 하거나 혼자 해결하려고 해서는 안 됩니다. 즉시 부모님이나 선생님 등 믿을 만한 어른에게 도움을 청해야 합니다. 성폭력 신고를 하기 위해서는 많은 용기가 필요합니다. 만약의 상황이 발생했을 때 아이가 주저 없이 용기를 낼 수 있도록 사전에 교육해주어야 합니다. 만약 부모님이 도움을 주기 어려운 상황이거나 주변에 의지할 만한 어른이 없다면 자신을 도와줄 수 있는 기관에 연락할 수 있도록 해야 합니다. 성폭력 피해를 입은 학생이 도움을 요청할 수 있는 곳은 다음과 같습니다.

> - 학교폭력 신고 117
> - 여성긴급전화 1366
> - 해바라기센터
> - 여성폭력 사이버상담센터(www.women1336.kr)

학생들은 주변 친구가 성폭력 피해자가 되었다는 사실을 알게 되었다면 피해자의 든든한 버팀목이 될 수 있도록 노력해야 합니다. 성폭력 피해가 결코 피해자 자신의 잘못으로 인한 것이 아님을 지속적으로 인지시켜주어야 합니다. 피해자가 가해자로 하여금 범죄를 일으키도록 동기를 제공했다는 등의 이야기는 명백한 2차 가해이므로 조심해야 합니다. 피해자를 추측할 수 있는 사진, 동영상을 유포하거나 자신이 알고 있는 사실에 대해 타인에게 알리는 것 또한 2차 가해임을 분명하게 인지해야 합니다.

스마트폰과 공존할 수밖에 없는 사이버폭력

정보통신 기술이 발달하고 인터넷 이용 환경이 비약적으로 발전하면서 사이버 공간은 인간이 생활을 영위해 나가는 또 하나의 영역이 되었습니다. 사람들은 사이버 공간이 가지는 장점을 살려 삶의 질을 높여 왔습니다. 하지만 사이버 공간이 인간에게 이로운 일만 가져다준 것은 아니었습니다. 사이버 공간의 특징과 관련된 새로운 유형의 범죄가 발생하였고 심각한 사회 문제로 대두되고 있습니다. 초등학교 고학년은 대부분의 아이들이 스마트폰을 소유하게 되는 시기입니다. 아이들은 본격적으로 SNS나 메신저 서비스를 이용하여 사람들과 소통하기 시작합니다. 따라서 이 시기 아이들에게 사이버 공간에서 발생할 수 있는 폭력에 대해 인지시키는 것은 꼭 필요한 일입니다.

사이버폭력이란 인터넷이나 스마트폰 등을 이용하여 학생을 대상으로 발생한 협박, 약취·유인, 명예훼손·모욕, 공갈, 강요·강제적인 심부름, 성폭력 및 따돌림 등에 의하여 신체·정신 또는 재산상의 피해를 수반하는 행위를 말합니다. 사이버폭력은 일반적인 폭력과 구분되는 몇 가지 특징을 가지고 있습니다. 첫째, 사이버폭력은 은밀하게 발생합니다. 사이버폭력은 사이버 공간에서 발생하기 때문에 쉽게 다른 사람의 눈에 띄지 않고 개별적으로 일어나는 경우가 많습니다. 둘째, 시간과 공간의 제한이 없습니다. 시·공간적 제약이 없는 사이버 공간의 특성상 사이버폭력은 언제 어디서나 지속적으로 이루어질 수 있습니다. 셋째, 가해 행동이 집단적으로 이루어질 수 있습니다. 익명성을 특징으로 하기 때문에 다수의 가해자가 쉽게 사이버폭력에 가담할 수 있고 가해자의 범위가 빠르게 확산될 수 있습니다. 넷째, 피해의 흔적이 영구적으로 남습니다. 사이버 공간에서 자료는 무한으로 복제되고 신속하게 퍼져 나갑니다. 자료를 완전히 삭제한다는 것은 불가능에 가깝기 때문에 피해 흔적이 가상 공간에 오래도록 남을 수밖에 없습니다.

사이버폭력의 유형은 사이버 명예훼손, 사이버 모욕, 사이버 성폭력, 사이버 스토킹, 사이버 따돌림, 사이버 갈취, 사이버 강요 등이 있습니다. 최근에 사이버 공간에서 자주 발생하고 있는 행위는 다음과 같습니다.

저격	개인이 SNS상에서 피해 대상에게 게시글이나 댓글로 비난하는 행위
불법촬영 (유포)	카메라 등으로 동의 없이 상대방을 촬영하거나 이를 동의 없이 유포하는 행위
지인능욕	온라인상에 게시된 사진에 지인의 얼굴을 합성한 사진을 게시하고 신상정보와 함께 유포하는 행위
떼카	단체대화방에서 한 사람을 초대하여 단체로 욕을 하며 괴롭히는 행위
방폭	피해학생을 단체대화방에 초대해 놓고 모두가 다 퇴장하여 온라인상에서 왕따를 시키는 행위
카톡감옥	여러 명의 학생들이 한 학생을 단체대화방에 지속적으로 초대하여 나가지 못하게 가두어 괴롭히는 행위
부계	SNS나 게임 등에서 부계정을 만들어 타인의 허락 없이 사진 등을 게시하고 친구들을 따돌리는 행위
게임부주	타인의 계정을 사용하여 레벨을 올려주거나 아이템을 얻어주거나 하는 사람을 의미하며, 이를 악용하여 부당한 요구(금품요구, 협박)를 하는 행위
인증놀이	수치스럽거나 하기 싫은 행동을 하도록 강요하여 온라인상에 인증하도록 하는 행위

사이버폭력을 예방하기 위해 다음과 같이 행동해주세요. 첫째, 사이버폭력에 대해 정기적으로 대화를 나눕니다. 자녀와 함께 사이버폭력의 위험성 등에 대해 이야기하고 부모가 자녀의 사이버 공간 생활에 대해 관심을 가지고 있다는 것을 알리는 것입니다. 둘째, 자녀들의 온라인 활동에 관심을 가지고 살펴봅니다. 자녀가 주로 사용하는 검색엔진과 검색한 내용을 알아두면 자녀의 생각과 관심사에 대해 많은 정보를 얻을 수 있습니다. 자녀가 자주 이용하는 커뮤니티가 있다면 자녀가 그곳에서 올리는 글과 댓글을 관심 있게 지켜보는 것이 좋습니다. 셋째, 음란물과 폭력물을 필터링하는 소프트웨어를 설치합니다. 이러한 소프트웨어는 자녀가 바람직하지 않은 정

보에 접근하는 것을 미연에 방지할 수 있습니다. 소프트웨어를 설치하기 전에 한 가지 고려해야 할 사항은 소프트웨어 설치에 관하여 자녀와 충분히 대화를 나누고 자녀가 공감할 수 있도록 해야 한다는 것입니다.

다음은 사이버폭력 피해 징후에 대해 알아보겠습니다. 자녀가 현재 사이버폭력을 당하고 있거나 과거에 그러한 적이 있다면 아래와 같은 징후를 보일 수 있습니다. 사이버폭력의 피해 징후에 대해 알고 있다면 자녀가 사이버폭력에 휘말렸을 때 빠르게 대처할 수 있습니다.

- 불안한 기색으로 정보통신기기를 자주 확인하고 민감하게 반응한다.
- 단체채팅방에서 집단에게 혼자만 반복적으로 심리적 공격을 당한다.
- 용돈을 많이 요구하거나 온라인 기기의 사용요금이 지나치게 많이 나온다.
- 부모가 자신의 정보통신기기를 만지거나 보는 것을 극도로 싫어한다.
- 온라인에 접속한 후, 문자 메세지나 메신저를 본 후에 당황하거나 괴로워한다.
- 사이버상에서 이름보다는 비하성 별명이나 욕으로 호칭되는 경우가 많고 야유와 험담이 많이 올라온다.
- SNS의 상태 글귀나 사진 분위기가 갑자기 우울하거나 부정적으로 바뀐다.
- 잘 모르는 사람들이 자녀의 이야기나 소문을 알고 있다.
- 자녀가 SNS 계정을 탈퇴하거나 아이디가 없다.

10. 학교폭력 피해(가해) 학생이 되었을 때의 대처법

최근 들어 대한민국 사회의 학교폭력에 대한 인식은 많은 변화를 맞이하고 있습니다. 과거에는 학교폭력을 '학창시절에 누구나 할 수 있는 실수' 정도로 치부하였다면 이제는 학교폭력을 '한 사람의 인생을 송두리째 망쳐 버린 심각한 범죄'로 간주합니다. 유명 연예인이나 운동 선수들이 과거 학교폭력의 가해자였던 사실이 밝혀지면서 크게 지탄을 받는 모습은 학교폭력에 대한 사회의 인식 변화를 분명하게 보여주는 사례입니다.

학교폭력에 대한 사회적 인식 변화에도 불구하고 학교 현장에서 학교폭력은 사라지지 않고 있습니다. 학교폭력 발생 현황을 살펴보면 학교폭력 전체 발생 건수가 증가하고 있음을 알 수 있으며, 고등학교의 학교폭력은 감소하고 있는 반면 초등학교와 중학교의 학교폭력 발생 건수가 증가하고 있다는 경향성을 파악할 수 있습니다. 이를 통해 우리는 초등학교에 다니는 아이들에게 학교폭력에 대한 노출 위험이 증가하고 있다는 것을 알 수 있습니다. 따라서 초등학생 자녀를 둔 부모님은 학교폭력에 대한 기본적인 사항과 대처 방법을 알아둘 필요가 있습니다.

학교폭력이란?

「학교폭력예방법」 제2조에서는 학교폭력을 다음과 같이 정의하고 있습니다.

> "학교폭력"이란 학교 내외에서 학생을 대상으로 발생한 상해, 폭행, 감금, 협박, 약취·유인, 명예훼손·모욕, 공갈, 강요·강제적인 심부름 및 성폭력, 따돌림, 사이버 따돌림, 정보통신망을 이용한 음란·폭력 정보 등에 의하여 신체·정신 또는 재산상의 피해를 수반하는 행위를 말한다.

우리는 아이들에게 사소한 괴롭힘, 장난이라고 여기는 행위도 학교폭력이 될 수 있음을 인식할 수 있도록 분명하게 교육해야 합니다. 다음과 같은 사례도 관점에 따라 사소한 장난으로 보이지만 학교폭력이 될 수 있습니다.

A 학생은 어느 날 온라인상에서 한 영상을 발견했다. 일반적인 아이돌 댄스 영상처럼 보이지만, 갑자기 귀신이 튀어 나오며 사람을 깜짝 놀라게 하는 영상이었다. A 학생은 B 학생을 깜짝 놀라게 할 목적으로 이 영상을 B 학생에게 전송했다. B 학생은 너무 무서웠다며 다음부터는 이런 영상을 보내지 말라고 했다. 하지만 A 학생은 B 학생의 말을 대수롭지 않게 여기며 주기적으로 공포스러운 영상을 B 학생에게 보냈다. B 학생은 반복되는 A 학생의 행위를 더이상 장난으로 받아들일 수 없다고 생각하여 학교폭력으로 신고하였다.

학교폭력 사안 처리 절차

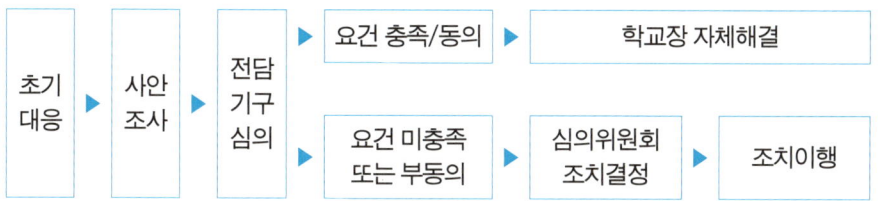

학교폭력 사안처리 흐름을 살펴보면 가장 먼저 초기대응 단계와 사안조사 단계가 있음을 알 수 있습니다. 초기 대응 단계에서는 현재 발생하고 있는 학교폭력을 감지하기 위해 노력하고 학교폭력의 신고를 접수받으며 교육청 보고 및 가해자와 피해자의 분리, 관련 학생 안전조치 등을 시행합니

다. 사안조사 단계에서는 피해학생을 보호하거나 가해학생을 선도할 목적으로 긴급조치를 시행할 수 있고 학생 면담, 보호자 면담 등을 통해 해당 사안에 대해 면밀하게 조사합니다.

학교폭력 사안에 대한 조사가 완료되면 전담기구 심의 절차가 진행됩니다. 여기에서는 해당 사안이 학교장 자체해결 요건을 충족하는지 심의하고 피해학생 측이 학교폭력대책심의위원회 개최를 원하는지 서면으로 의사를 확인합니다. 만약 해당 사안이 학교장 자체해결 요건을 모두 충족한다면 사안은 학교장 자체해결로 종결될 수 있습니다. 반대로 학교장 자체해결 요건이 충족되지 않는다면 해당 사안은 학교폭력대책심의위원회로 넘어갑니다.

심의위원회 조치결정 단계에서는 심의위원회를 개최합니다. 심의위원회는 가해학생에게 합당한 조치를 내리기 위해 학교폭력의 심각성, 지속성, 고의성, 반성 정도, 화해 정도, 선도 가능성, 피해 학생의 장애인 여부를 고려합니다. 교육장의 조치결정이 완료되면 이를 피해학생과 가해학생에게 통보합니다. 조치 이행 단계에서는 피해학생의 보호조치, 가해학생의 선도·교육조치를 실시하고 가해학생의 조치사항을 학교생활기록부에 기재합니다.

학교폭력 관련 학생에게 내려지는 조치

학교폭력대책심의위원회는 피해학생과 가해학생에게 다음과 같은 조치를 내릴 수 있습니다.

피해학생 조치	가해학생 조치
1. 학내외 전문가에 의한 심리상담 및 조언 2. 일시보호 3. 치료 및 치료를 위한 요양 4. 학급교체 5. (삭제) 6. 그밖에 피해학생의 보호를 위하여 필요한 조치	1. 피해학생에 대한 서면사과 2. 피해학생 및 신고·고발 학생에 대한 접촉, 협박 및 보복행위의 금지 3. 학교에서의 봉사 4. 사회봉사 5. 학내외 전문가에 의한 특별 교육이수 또는 심리치료 6. 출석정지 7. 학급교체 8. 전학 9. 퇴학처분

피해학생은 피해학생 조치와 관련하여 출석이나 평가 등에 있어서 불이익을 받지 않도록 제도적으로 보호받을 수 있습니다. 피해학생 조치 1~3호와 관련하여 발생하는 치료비 등의 비용은 가해학생의 보호자가 부담해야 합니다.

가해학생 조치와 관련하여 만약 가해학생이 자신에게 내려진 조치를 거부하거나 기피한다면 추가적인 조치가 내려질 수 있습니다.

학교폭력 피해자가 되었을 때의 대처

자녀가 학교폭력을 당하고 있음을 인지했다면 먼저 아이의 안전을 확보하고 더 이상의 폭력이 발생되지 않도록 해야 합니다. 학교에 학교폭력을 사건을 접수하고 관련 조사가 즉시 이루어질 수 있도록 요구하세요. 만약 학교폭력 사안 조사 중에도 가해학생의 지속적인 폭력 가능성이 보인다면 학교에 긴급보호를 요청하여 긴급조치가 이루어질 수 있도록 해야 합니다. 사안 조사가 완료되기 전이라도 긴급조치를 통해 피해학생을 보호하거나 가해학생에게 선도 조치를 내릴 수 있습니다.

학교폭력 조사가 시작되면 학교에서는 가장 먼저 사실 관계를 확인하고자 합니다. 만약 정확한 사실 관계가 밝혀지지 않는다면 가해학생을 처벌하는 것은 불가능하게 됩니다. 사실 관계를 확인하는 방법은 면담, 설문조사, 증거자료 수집, 진단서 및 소견서 등의 수집이 있습니다. 이 중에서 피해자가 적극적으로 사실 관계 확인을 위해 도움을 줄 수 있는 부분은 증거자료를 제시하는 것입니다. 그동안 폭력을 당했던 사실을 입증할 수 있는 증거를 모아둔다면 학교폭력 가해학생에 대한 조사가 정확하게 이루어질 수 있습니다. 언어폭력, 강요 등은 물질적인 증거가 남지 않는 경우가 많으므로 날짜와 사건 등을 기록해 두고 목격자를 확보하는 것이 좋습니다. 사이버폭력과 같이 그 흔적이 명확하게 남는 일에 대해서는 반드시 증거 자료를 확보해두어야 합니다.

학교폭력의 피해 정도에 따라서 피해학생이 가해학생과 원만한 합의를 이룬다면 사안은 비교적 조용하게 마무리되기도 합니다. 이렇게 할 경우 피해학생과 가해학생의 관계 회복을 기대해볼 수 있다는 장점이 있습니다. 가해학생을 처벌하는 것만이 피해학생의 미래에 도움이 되는 것은 아니기 때문에 가해학생의 반성 정도에 따라 적절한 선에서 그를 용서해주는 것도 하나의 선택지가 될 수 있습니다.

학교폭력 가해자가 되었다면
잘못을 인정하고 진심으로 반성하세요

　자녀가 학교폭력의 가해자로 지목되었다면 먼저 자녀와의 대화를 통해 어떤 일이 있었는지 파악해야 합니다. 다만, 아이들은 모든 것을 객관적으로 말하지 않는 경향이 있습니다. 자신에게 유리한 내용을 부각시키고 불리한 내용을 왜곡하거나 생략할 수 있으니 이러한 점을 항상 고려해야 합니다. 자녀가 이야기한 내용과 더불어 피해자라고 주장하는 아이의 진술 내용을 모두 확인하여 종합적으로 상황을 판단하는 것이 좋습니다.

　학교폭력 사안 조사 과정에서 자녀의 가해 행위가 사실로 밝혀진다면 부모님은 자녀가 자신의 잘못을 깨끗하게 인정할 수 있도록 교육해야 합니다. 자신의 가해 행위에 초점을 맞추고 진심으로 반성하는 것은 가장 우선되어야 하는 일임을 명심해야 합니다. 그런데 가끔 자신의 잘못은 제쳐둔 채 본인의 억울함을 주장하는 아이가 있습니다. 피해자인 학생도 과거에 자신에게 폭력을 행사한 적이 있다고 주장하는 것입니다. 아이들은 함께 어울리며 서로에게 크고 작은 피해를 주고 받습니다. 하지만 대부분은 서로 간의 암묵적 합의에 의해 쌍방으로 행해지거나 서로 화해를 하며 마무리했던 일입니다. 그런데 지금에 와서 자신의 가해 행위를 정당화하기 위해 과거의 일을 걸고 넘어지는 것은 바람직한 반성 태도가 아닙니다. 현재 시점에서 가해자가 해야 할 일은 자신의 잘못을 회피하기 위해 핑계거리를 찾는 것이 아니라 피해자의 상처를 치유하기 위해 무조건적으로 노력하는 것입니다.

학교폭력 사건에 관한 사안조사가 마무리되면 이 사안을 학교장 자체해결로 마무리할 것인지 심의위원회에 회부할 것인지 결정하게 됩니다. 사안을 학교장 자체해결로 종결하기 위해서는 다음의 네 가지 요건을 충족해야 합니다.

- 2주 이상의 신체적·정신적 치료를 요하는 진단서를 발급받지 않은 경우
- 재산상 피해가 없거나 즉각 복구된 경우
- 학교폭력이 지속적이지 않은 경우
- 학교폭력에 대한 신고, 진술, 자료제공 등에 대한 보복행위가 아닌 경우

만약 해당 사안이 위의 네 가지 요건을 모두 갖춘다고 해도 피해학생이 학교장 자체해결에 동의하지 않는다면 가해학생은 결국 조치 처분을 받게 됩니다. 가해학생이 자신의 잘못을 인정하지 않고 되려 피해학생에게 과거의 잘못을 따진다면 피해학생은 과연 학교장 자체해결 처리에 동의할까요? 가해학생은 피해학생을 위하는 것뿐만 아니라 자신을 위해서도 잘못을 진심으로 뉘우치고 반성해야 합니다.

스마트폰과 게임에 빠진 아이, 이렇게 해보세요

여성가족부가 실시한 '2022년 청소년 인터넷·스마트폰 이용 습관 진단 조사' 결과에 따르면 조사 참여자의 18.5퍼센트가 인터넷과 스마트폰 중 하나 이상에서 과의존 위험이 있는 것으로 진단되었습니다. 코로나19로 인해 집에 있는 시간이 늘어난 아이들의 스마트폰 사용 시간이 늘어난 것이지요. 스마트폰의 과도한 사용이 건강을 해치고 학업을 방해한다는 것은 잘 알려진 사실입니다. 특히 요즘 유행하는 숏폼 콘텐츠(30초~1분 정도 되는 짧은 영상)는 아이들이 학습이나 독서를 재미없는 콘텐츠로 인식하게 하지요. 사춘기가 점차 심화되면 스마트폰 사용, 게임으로 인한 부모와의 갈등이 더욱 심해질 가능성이 있어 초등학교 고학년 시기에 이를 바로잡는 것이 중요합니다. 아래 검사지의 7가지 항목 중 아이가 몇 가지 정도 해당하는지를 살펴보며 도움을 주면 좋습니다.

스마트폰 중독 자기 검사지	✓
1. 스마트폰을 사용할 때 '그만해야지' 하면서도 계속한다.	
2. 스마트폰이 없으면 불안하다	
3. 가족이나 친구와 함께 있는 것보다 스마트폰을 사용하는 것이 더 즐겁다.	
4. 스마트폰을 사용하느라 해야 하는 일을 못 하거나 미룬 적이 있다.	
5. 스마트폰이 없다고 생각하면 견디기 힘들다.	
6. 스마트폰 사용에 많은 시간을 보내는 편이다.	
7. 스마트폰이 옆에 없으면 안절부절못하고 초조하다.	

아이와 공감대를 형성해보자

스마트폰·인터넷 중독 검사에서 위험군이 나온 아이들에게 스마트폰을 이렇게 많이 사용하는 이유가 무엇이냐고 물으니 '그냥', '심심해서'라는 대답이 가장 많이 나왔습니다. 심심해서 자연스럽게 스마트폰을 집어 드는 아이에게 줄 수 있는 가장 쉬운 해결 방법은 바로 '부모와의 대화'입니다. 스마트폰에 푹 빠진 아이와 어떤 대화를 할지 모르겠다면 아이가 스마트폰으로 무엇을 하는지, 어떤 콘텐츠를 보는지, 어떤 게임을 하는지를 유심히 지켜보시는 것을 추천합니다. 아이가 좋아하는 것부터 시작하는 것이지요. 다이어리 꾸미기 영상을 많이 본다면 함께 문구점에 가서 '다꾸' 용품도 사고, 다이어리 꾸미기를 할 수도 있습니다. 요리 유튜브를 많이 본다면 요리를 함께 할 수도 있고, 특정 게임을 좋아하는 아이와 그 게임에 대해 함께 이야기를 나눌 수도 있습니다. 이렇게 아이와 공감대를 형성하면 자연스레 대화거리가 늘어납니다. "이건 어떻게 하는 거야?" 같은 말들로 아이의 발화 시간을 늘려보세요. 입을 꾹 다물고 스마트폰만 하던 아이도 자신이 관심 있는 것에 대해서는 신나게 이야기합니다.

아이가 좋아하는 것에서 시작했다면 부모와 함께 하는 새로운 취미를 찾는 것도 도움이 됩니다. 운동, 캠핑, 낚시 등 오프라인으로 할 수 있는 재미있는 것을 경험하도록 하는 것입니다. 이는 스마트폰 중독 예방뿐만 아니라 부모와의 유대감 형성에도 긍정적인 영향을 끼칩니다.

이왕 쓸 거면, 똑똑하게 써보자

스마트폰은 더 이상 아이들의 학업을 막기만 하는 요소가 아닙니다. 인스타그램, 유튜브, 블로그로 자신을 브랜딩할 수도 있고, 스마트폰을 통해 메타버스나 인공지능 등 새로운 프로그램을 체험할 수도 있지요. 스마트폰 중독의 시작은 '목적 없이' 스마트폰을 사용하거나, '의미 없는 시간'을 보내는 것입니다. 아이들이 스마트폰을 가지고 의미 없는 시간만 흘려보내지 않도록 부모가 스마트폰을 똑똑하게 사용할 수 있는 다양한 기회와 방법을 소개해주기를 추천합니다. 코딩·시간 관리·문제 해결 등과 관련된 앱을 깔아 일상생활과 학습에 도움이 되도록 할 수도 있고, 재미있는 동시에 공부에도 도움이 되는 유튜브 채널을 알려줄 수도 있습니다. 또, 자신의 채널이나 계정을 키워 진로에 활용한 사례를 보여줄 수도 있겠지요. 아이가 스마트폰을 현명하게 사용할 줄 안다면 자제력도 자연스레 길러질 것입니다.

이용 규칙을 스스로 정해보자

스마트폰 이용 규칙을 스스로 정하는 것은 가장 쉬운 방법이자 가장 어려운 방법입니다. 아이에게 스마트폰을 일정 시간 이상 사용하게 되면 일상생활과 인간관계, 건강에 부정적인 영향을 미칠 수 있다는 사실을 분명히 알려주고, 스스로 이용 시간을 정하도록 할 수 있습니다. 잠들기 직전까지 스마트폰을 사용하면 숙면에 방해가 된다는 것, 길을 건너면서 스마트폰을 사용하면 위험하다는 사실 등을 일러주며 왜 적절한 사용 시간이 필요한지를 깨닫게 하는 것입니다. 스마트폰을 6시간 사용하던 아이가 5시간 40분으로 줄이겠다는 다소 파격적인(?) 이야기를 하더라도 이를 존중해주고 15분씩 천천히 줄여간다는 사실을 칭찬해주는 편이 좋습니다. 스스로 정한 이용 시간을 지켜나가며 통제력을 기를 수 있기 때문이지요. (스마트폰 이용 시간 때문에 자꾸 아이와 충돌한다면 스마트폰에 내장된 이용 시간제한 프로그램을 사용하는 방법도 있습니다.)

초등학교 시기는 자기 조절 능력과 책임감을 키워나가는 시기입니다. 따라서 부모가 조급한 마음을 가지기보다는 아이를 믿고 스스로 조절하도록 맡겨보는 것이 중요하지요. 고학년 시기부터는 아이들이 스마트폰을 통해 교우 관계를 쌓아 나가는 경우가 많아 스마트폰 사용을 아예 못 하도록 하는 것이 힘든 건 사실입니다. 이제는 아이와 함께 스마트폰을 지혜롭게 쓰는 방법에 대해 고민해보는 것이 어떨까요?

우리 아이의 도덕성, 어느 단계일까?

우리 아이는 도덕적인가요? 도덕적인 아이란 어떤 아이일까요? 그동안 수많은 사람들이 인간의 도덕성에 관해 연구해왔습니다. 그 결과 대부분의 사람들은 도덕성을 '인간이 마땅히 지켜야 할 도리나 그것에 준하는 행동'이라고 말합니다. 그렇다면 이러한 도덕성은 어떠한 과정을 거쳐 발달해 나갈까요? 콜버그(Lawrence Kohlberg)는 사람들의 도덕 판단에 대한 연구를 통해 도덕 발달 단계를 제시하였습니다. 사람들의 인지적 판단에 중점을 둔 이론이므로 도덕의 모든 측면을 설명할 수는 없지만 아이들이 어떠한 기준을 가지고 도덕적 판단을 내리는가에 대해 생각해볼 때 유용한 이론입니다. 지금부터 콜버그의 도덕 발달 단계에 대해 알아보고 우리 아이는 현재 어떠한 단계에 도달했는지 진단해보도록 하겠습니다.

콜버그의 도덕 발달 단계

콜버그는 사람들에게 도덕적 갈등 상황이 포함된 이야기를 들려준 후 사람들이 이에 대해 판단하는 방식을 연구하여 도덕성 발달 이론을 발표하였습니다. 이 이론에서는 도덕성이 3가지 수준과 6개의 단계를 거쳐 발달해 간다고 설명합니다.

수준	단계	도덕 판단 기준
전인습적 수준	1단계	복종과 처벌
	2단계	개인적 보상
인습적 수준	3단계	대인관계 조화
	4단계	법과 질서
후인습적 수준	5단계	개인의 권리 및 사회 계약
	6단계	보편적 윤리

전인습적 수준은 주로 행위에 대한 처벌이나 보상을 주는 권위자의 규칙에 따라 도덕적 판단을 내리는 상태이며 1단계와 2단계로 나눕니다. 1단계는 복종과 처벌의 단계입니다. 복종과 처벌이 도덕적 행동의 판단 기준이 됩니다. 부모님이나 선생님과 같이 권위를 가진 사람이 제시하는 명령을 무조건적으로 따르거나 처벌을 피하기 위한 목적으로 도덕적 행동을 하는 특징이 있습니다.

2단계는 개인적 보상의 단계입니다. 2단계의 사람들은 어떠한 것을 결정할 때 그것이 자신에게 이득이 되는지 여부에 따라 행동합니다. 선행을 베

푸는 행위는 그 자체로 의미를 가지는 것이 아니라 자신이 선행을 행함으로써 남들도 자신에게 도움을 제공하기 때문에 의미가 있다고 생각합니다.

인습적 수준은 다른 사람의 관점을 이해하고 가족, 사회, 국가 등의 규준이나 규칙을 따르려는 상태이며 3단계와 4단계로 분류됩니다. 3단계는 대인관계의 조화를 추구하는 단계입니다. 이 단계에서는 도덕적 행위의 목적을 조화로운 대인관계 형성에 둡니다. 도덕적 가치 갈등 상황에 처했을 때 다른 사람에게 착한 사람으로 보이기 위한 방향으로 행동합니다. 따라서 자신의 행동을 다른 사람들이 어떻게 평가하는지가 중요한 도덕 판단의 기준입니다.

4단계는 법과 질서의 단계입니다. 이 단계에서 도덕적 판단의 기준은 법이나 공동의 질서입니다. 법을 지키는 것은 마땅히 행해야 할 일이며 법을 어기는 것은 도덕적이지 못한 행동이라고 생각합니다. 이 단계의 사람들은 자신의 의무를 다하여 사회의 질서를 유지하기 위해 노력합니다.

후인습적 수준은 사회의 권위자와 무관하게 도덕적 가치와 원리를 규정할 수 있는 상태로 5단계와 6단계로 이루어집니다. 5단계는 개인의 권리 및 사회 계약의 단계입니다. 이 단계의 사람들은 세상에 다양한 의견과 가치가 존재함을 이해하고 이것들이 모두 존중되어야 한다고 생각합니다. 개인이 법을 지키는 이유는 그것을 통해 이러한 권리를 지킬 수 있기 때문입니다. 법은 개인의 권리를 지키기 위해 사회적 합의에 의해 만들어진 것이므로 만약 법이 제 기능을 하지 못한다면 얼마든지 수정될 수 있다고 생각합니다.

6단계는 보편적 윤리의 단계입니다. 이 단계에 이른 사람은 사회적으로 만들어진 법이나 질서 보다 모든 인간과 모든 사회에서 통용될 수 있는 보편적 도덕 윤리를 따르고자 합니다. 예를 들어 어떤 사람의 생명을 구하기 위해서 법을 어길 수밖에 없는 상황이 있다고 가정해보겠습니다. 이 상황에서는 법을 지켜 범죄를 저지르지 않는 것보다 법을 어기더라도 생명 존중이라는 가치를 지키는 것이 더욱 중요하다고 판단합니다.

콜버그에 따르면 전인습적 수준에서 인습적 수준을 거쳐 후인습적 수준으로 갈수록 도덕 판단의 기준이 외적 기준에서 내적 기준으로 변화한다고 합니다. 외부의 압력에 따라 도덕 판단을 내리는 수준에서 추상적인 도덕 원리를 이해하고 이에 따라 판단을 내리는 수준으로 변화해가는 것입니다. 초등학교 고학년이 되면 대부분의 아이들은 인습적 수준에 도달합니다. 자아중심성에서 벗어나 타인의 관점을 이해하고 규칙을 준수하기 위해 노력하기 시작합니다. 그런데 만약 여전히 전인습적 수준에 머물고 있는 학생이 있다면 어떨까요? 그 아이는 친구들과 원만한 관계를 유지하기 어렵고 공동체 생활에 많은 갈등을 야기하게 될 것입니다.

우리 아이의 도덕 발달 단계는 어느 수준인가요?

다음은 콜버그가 아이들의 도덕 발달 단계를 진단하기 위해 사용한 '하인츠 딜레마(Heinz's dilemma)'입니다. 자녀에게 하인츠 딜레마 상황을 들려준 후 자녀가 어떠한 선택을 하는지 관찰해보세요. 자녀의 현재 도덕 발달 단계를 추론해볼 수 있습니다.

하인츠의 아내는 암으로 죽어가고 있었다. 의사가 말했다.

"부인을 살릴 수 있는 유일한 약이 새롭게 개발되었습니다. 그것을 구해보세요."

그 약은 지역의 어떤 약사가 개발하였는데, 약사는 약의 가격을 원재료의 10배 수준으로 책정해놓은 상태였다. 하인츠에게는 너무나 비싼 약이었다. 하인츠는 돈을 구하기 위해 여기 저기에 도움을 요청했지만 불행히도 그가 모은 돈은 약 가격의 절반 수준에 지나지 않았다. 하인츠는 약사에게 부탁했다.

"내 아내가 죽어가고 있습니다. 그런데 저는 약값의 절반밖에 가지고 있지 않습니다. 약을 좀 싸게 팔 수는 없을까요? 아니면 외상으로 약을 줄 수는 없을까요?"

약사는 말했다.

"안 됩니다. 나는 약을 개발하기 위해 평생을 바쳤습니다. 나도 이 약을 통해서 돈을 벌어야 합니다."

하인츠는 절망에 빠졌다. 고민 끝에 그는 아내를 위해 약을 훔치고 말았다.

하인츠 딜레마를 들려준 후 아이에게 다음과 같은 질문을 해보세요.

질문① 만약 자신이 하인츠라면 어떤 선택을 했을까요?

A: 아내를 살리기 위해 약을 훔친다.
B: 약을 훔치지 않는다.

질문② 만약 자신이 약사라면 어떤 선택을 했을까요?

A: 손해를 감수하고 약을 준다.
B: 약을 주지 않는다.

질문③ 만약 자신이 아내라면 어떻게 행동했을까요?

A: 하인츠가 약을 훔치는 것을 말린다.
B: 하인츠가 약을 훔치도록 둔다.

　아이들은 각 물음에 대하여 A 또는 B의 선택을 내리게 됩니다. 이때 자녀에게 그러한 결정을 내린 기준에 대해 질문하고 대화해보세요. 자녀가 도덕적 판단을 내린 근거를 분석하면 자녀의 도덕 발달 단계를 유추할 수 있습니다. 첫 번째 질문에 대한 단계별 아이들의 반응을 살펴보고 자녀의 반응은 어느 단계와 유사한 모습을 보이는지 살펴봅시다.

단계	선택	선택의 이유
1단계(복종과 처벌)	A	평소 아내의 말을 거역하기 힘듦. 아내가 약을 구해오라고 했으니 어떻게든 약을 가져가야 함.
2단계(개인적 보상)	A	아내가 죽으면 자신의 인생이 힘들어지기 때문에 약을 훔침.
3단계(대인관계 조화)	A	아내에게 착한 남편이 되기 위해서 약을 훔침.
4단계(법과 질서)	B	약을 훔치는 것은 법을 어기는 것이므로 약을 훔치지 않음.
5단계(개인의 권리 및 사회 계약)	A	사람이 죽어가는 과정에서 약을 팔지 않는 것은 법적으로 문제가 되지 않지만 이러한 법에 문제가 있음을 인식하고 법의 내용을 수정하거나 보완해야 한다고 생각함.
6단계(보편적 윤리)	A	약을 훔쳐 아내의 목숨을 구하는 것은 생명 존중이라는 보편적 가치를 지키는 것이므로 약을 훔침.

자녀는 어떤 단계의 사고를 하고 있나요? 아직 인습적 수준에 그치는 내용을 말하고 있나요? 아이의 도덕 판단 수준을 발달시키기 위해서는 아이와 함께 하인츠 딜레마에 대해 토론해 보는 것을 추천합니다. 아이의 답변에 따라 하인츠 딜레마 상황의 요소를 조금씩 변경하여 후속 질문을 던져주세요. 아이는 한 차원 높은 단계의 가치 갈등 상황을 지속적으로 마주하게 될 것입니다. 지금까지 고려하지 못했던 측면의 요소를 인식하게 되고 무엇이 옳은지 고민을 반복하다 보면 도덕 판단에 대한 인지적 수준을 성장시킬 수 있습니다. 다음 질문은 아이와 토론하며 활용해볼 수 있는 후속 질문의 예입니다.

- 하인츠는 약을 훔쳐야만 했을까요?
- 하인츠가 그 아내를 사랑하지 않았다면 상황은 변했을까요?
- 만약 낯선 사람이 죽어가고 있었다면, 하인츠는 같은 행동을 했을까요?
- 만약 하인츠의 부인이 죽는다면, 경찰은 약사가 약을 팔지 않은 죄로 체포해야 할까요?

진로를 찾아가는 가장 효과적인 방법

13

고학년이 되면서 아이들은 본격적으로 자신의 진로에 대해 고민하게 됩니다. 교육과정의 '창의적 체험활동'에도 진로교육이 편성되어 아이들이 자기 이해, 진로정보탐색, 진로계획 등의 활동을 할 수 있도록 하고 있지요. 하지만 '나는 꿈이 없다', '커서 무얼 하고 싶은지 아직 모르겠다'라는 아이를 보는 부모는 참 애가 탑니다. 어디서부터 도와주어야 할지도 막막하지요. 아직 나이가 어리기 때문에 한 방향으로 진로를 정하는 것이 큰 의미가 없다고 생각할 수도 있습니다. 하지만 그만큼 이 시기의 다양한 자극, 경험, 부모의 반응이나 지원이 아이의 진로에 큰 영향을 미칠 수 있다는 뜻이기도 합니다. 꿈이 없다는 아이, 진로를 정하기 어려워하는 아이를 어떻게 도와주면 좋을까요?

지기지기(知己知己)면 백전백승!

진로를 탐색하는 것의 가장 첫 단계는 '나'에 대한 파악입니다. 내가 어떤 것에 흥미를 느끼고, 어떤 것에 강점이 있는지를 알아보는 것이지요. 먼저 아이가 잘하는 것과 좋아하는 것을 표로 나눠 최소 10가지 이상 스스로 써보도록 하는 것을 추천합니다. 사소한 것이라도 괜찮습니다. 종이접기를 잘한다든지, 맛집 검색을 잘한다든지, 남을 웃게 하는 것을 잘할 수도 있지요. 학교에서 이 활동을 시켜보면, 많은 아이가 부끄러워하며 잘 쓰지 못합니다. "저는 장점이 없어요.", "저는 잘하는 게 하나도 없는 것 같아요."라고 말하는 아이가 대다수입니다. 따라서 처음에는 스스로 최대한 쓸 수 있는 만큼 쓰도록 하고, 나머지 칸들은 부모님이나 담임 선생님처럼 주위 사람들이 도와주는 것이 좋습니다. 이때 잘하는 것과 좋아하는 것이 꼭 공부와 관련될 필요는 없다는 것을 강조합니다. 아이의 적성은 공부 외적인 곳에서도 잘 나타나기 때문인데요. '친구에게 칭찬을 잘하는 것', '방 청소를 깔끔하게 잘하는 것', '새로운 아이디어를 잘 떠올리는 것' 등도 모두 강점이 될 수 있다는 것을 알려주어 아이들이 자신의 장점을 폭넓게 인식하도록 합니다. 이 과정을 거치면 자신에 대해서 알 수 있을 뿐만 아니라 자존감도 키울 수 있습니다. 이 종이 한 장이 아이의 진로를 정하는 밑바탕이 되는 것이지요.

각종 진로검사를 통해 나를 알아보는 방법도 있습니다. 주니어 커리어넷, 워크넷, 기질검사 등을 통해서 자신에 대해 이해를 할 수 있지요. 요즘은 MBTI와 같은 간편 검사들이 유행해 아이가 쉽게 접근할 수 있습니다.

특히 교육부가 제공하는 주니어 커리어넷에서는 진로 흥미 탐색, 진로 개발 역량검사를 통해 아이가 자신을 이해하고 진로를 결정하고 실천할 수 있도록 지원하고 있습니다. 검사 결과를 토대로 아이에게 맞는 학습 방법 추천, 잘 맞을 만한 직업소개, 온라인 상담까지 진행하기 때문에 적극적으로 활용하는 것을 추천합니다.

진로검사들은 일회성으로 끝내지 않고, 해마다 하는 것이 좋습니다. 아이가 몇 년 내내 꾸준히 관심이 있는 분야가 있다면 그 분야를 선택해 아이를 도와줄 수 있습니다. 반대로 관심 분야가 해마다 바뀐다면 더욱 다양한 경험적 자극을 주어 아이의 진로 탐색에 도움을 줄 수도 있지요.

<주니어 커리어넷 검사 결과 예시>

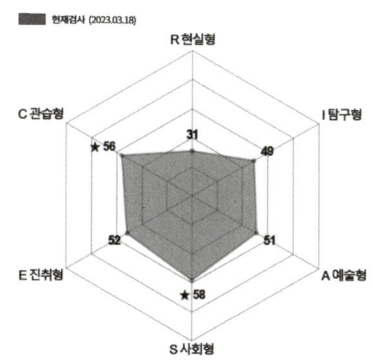

R (현실형)	I (탐구형)	A (예술형)	S (사회형)	E (진취형)	C (관습형)
31	49	51	58	52	56

※ T점수는 각 흥미유형에 대한 여러분의 흥미도가 다른 친구들과 비교해서 상대적으로 어느 수준인지 확인시켜주는 수치입니다.
T점수의 평균은 50점이고, 다음과 같이 해석할 수 있습니다.

적극적으로 탐색하자

아이에게 다양한 경험을 시켜주어야 한다는 것은 알지만, 방법을 몰라 어려워하는 경우가 있습니다. 우선 학교에서 주는 가정통신문이나 교육청 홈페이지를 통해 안내되는 다양한 프로그램에 참여해볼 수 있습니다. 생각보다 전국에 다양한 체험 기회, 교육프로그램이 많습니다. 지역 도서관에서 여는 미술 체험 교실, 항공우주박물관의 일일 프로그램, 진로체험센터 등의 프로그램들이 많지만, 보통은 '몰라서' 참여를 못 하지요. 이런 내용은 학교 가정통신문, 홈페이지 등으로 안내되는 경우가 많습니다. 해당 자료들을 평소에 유심히 보다가, 자녀가 관심 있을 만한 곳을 골라 다녀오는 것을 추천합니다.

둘째로, 부모가 직접 아이들과 많은 체험 기회를 함께해보세요. 아이들과 주말을 이용해 짧은 여행을 다녀오거나 과학관, 전시회, 영화 등을 관람하기, 마을 축제에 참여하기 등을 통해 여러 자극을 주는 것입니다. 시간을 많이 내기 어렵다면 도서관에 가서 함께 책을 읽거나 강연을 듣는 것만으로도 큰 도움이 됩니다.

이런 경험을 한 후 중요한 것은 다녀와서 꼭! 느낀 점을 나누는 시간을 가지는 것입니다. 아이들은 체험을 다녀와 며칠 후면 까먹기도 하고, 나중에는 그곳을 방문했었다는 사실조차 잊기도 합니다. 소중한 기억을 잘 간직할 수 있도록 부모와 함께 보고 느낀 것들을 기록하기를 추천합니다. 이렇게 느낀 점에 관해 얘기하며 아이가 자신도 모르게 자신의 흥미나 적성을 이야기하게 되기 때문인데요. 이것을 부모가 잘 알아채 확장시켜주는 것이 중요합니다. 체험 활동 중 그림 그리는 것이 가장 재밌었다고 말하는 아이에게, "화가는 무슨 화가야! 그림은 취미로 그려."라고 이야기하기보다는 제품 디자이너, 광고 제작, 웹툰 작가 등에서 확장해 문화·예술 분야로 아이의 길을 열어주는 것이지요. 그림을 잘 그리는 재능이 여러 방면으로 쓰일 수 있다는 사실은 아이의 긍정적인 자기인식에도 도움을 줄 것입니다.

아이의 진로 탐색 과정에서 무엇보다 중요한 것은 아이의 흥미와 적성을 부모가 지지하고 응원하는 것입니다. 이런 부모의 마음을 아이도 느낄 때, 자신의 미래를 위해 나아갈 용기를 얻기 때문입니다. 꼭 진로교육의 목적이 아니더라도, 아이와 많은 시간을 보내며 대화를 나누어보세요. 오고 가는 이야기 속에서 아이의 진로의 바탕이 될 빛나는 원석들이 쏟아질지도 모릅니다.

14 중학교 진학 전, 선행학습이 필요할까?

　중학교 입학을 앞두고 있다면 선행학습에 대한 걱정이 생기기 시작합니다. 우리 아이만 뒤처지지는 않을까 걱정되기도 하고, "옆집 아이는 5학년인데도 벌써 중학교 2학년 수학을 끝냈다더라" 하는 소문이 들려오면서 초조해지게 되지요. 실제로 6학년 2학기 아이들의 모습을 살펴보면 쉬는 시간에 중학교 수학 문제집을 풀고 있는 아이들이 하나둘씩 생기기 시작합니다. 중학교에 가기 전, 어떤 선행학습이 필요할까요?

습관도 선행이 필요하다

　중학교에 입학하고 나면 초등학교와 비교해 수업 시간도 늘어나고, 개념을 암기해야 하는 과목도 훨씬 늘어납니다. 수행평가를 포함한 내신의 중요성도 커지면서 아이들은 다양한 변화를 겪게 되지요. 방과 후 수업을 받거나 학원을 더 많이 다니게 된 아이들은 시간적 여유를 잃게 되기도 합니다. 흔히 중학교 진학 전 학습 측면에서의 선행을 중시하게 되는데, 이 시기에 '습관'을 형성하는 것 또한 꼭 해야 할 선행입니다. 좋은 습관을 지닌 학생들이 학습 측면에서도 성공을 거둘 확률이 크기 때문이지요.

① 시간 관리 습관

아이들이 해야 하는 일들은 많아지는 동시에 여유 시간은 줄어들면서 자연히 시간 관리가 중요해집니다. 따라서 스스로 계획표를 짜 규칙적으로 생활하며 시간을 효율적으로 쓰는 연습이 필요합니다. 하지만 한 번도 혼자서 계획을 세워본 적이 없는 아이들은 여기서 어려움을 겪을 확률이 높습니다. 처음에는 부모가 함께 구체적인 일정표를 세울 수 있도록 도와주는 것이 좋습니다. 중학교는 초등학교와 비교해 등교 시간도 빨라지고, 공부 시간도 늘어납니다. 기상 시간을 앞당기거나 핸드폰과 게임을 하는 시간을 의도적으로 줄여 여유 시간을 확보하도록 하는 것이 중요합니다.

② 독서와 글쓰기 습관

상급학교로 갈수록 시험 중 서술형 비율이 늘어나고, 글의 내용을 요약하거나 정리하는 기술이 더욱 중요해집니다. 이를 수월하게 해낼 수 있도록 독서와 글쓰기 습관을 들이는 것이 중요합니다. 실제로 학습 내용 심화에 따라 어휘 수준도 훨씬 높아지므로 책 읽기를 통해 어휘 실력을 높여야 합니다. 글쓰기를 통해 자기 생각과 감정을 표현하는 연습도 병행하면 좋습니다. 아이가 꾸준히 글을 읽고 쓸 수 있도록 아이의 글을 읽고 맞춤법 오류를 잡아주거나 글의 흐름이 자연스러운지를 첨삭해주면 아이의 글쓰기 실력에 도움이 됩니다.

③ 복습과 노트 정리 습관

복습과 노트 정리는 학습을 위한 습관입니다. 앞서 말했듯 중학교에서는 과목도 늘어나고 내용도 어려워지기 때문에 학교 수업을 잘 따라가기 위해서는 꼭 복습하는 습관을 들여놓아야 합니다. 또한, 대부분의 과목 선생님께서 수업 내용 필기나 공책 정리를 권장하기 때문에 헤매지 않도록 미리 연습하는 것이 도움이 됩니다. 초등학교 때 공책 정리를 자주 해 익숙한 학생들은 간결하게 배운 내용을 요약한 후 넘어갈 수 있지만, 그렇지 않은 아이들은 노트 정리를 하는 데에만 많은 시간을 쏟게 되어 효율적인 시간 사용이 어려워집니다. 따라서 지금부터 교과서의 중요 내용을 뽑아 깔끔하게 정리하는 연습을 하는 것이 좋습니다.

선행학습의 전제조건, 현행 수학을 완벽히 할 것!

중학생이 되고 나면 학습량도 눈에 띄게 늘고, 시간도 부족해집니다. 따라서 미리 공부하는 것이 어느 정도 긍정적인 영향을 줄 수 있습니다. 보통 수학 과목의 선행학습을 많이 하는데, 선행학습을 하고자 한다면 현행 수학 혹은 6학년 수학을 완벽히 하고 나서 시작해야 합니다. 수학 과목의 경우 초등학교 수학의 개념이 연결되긴 하지만 수준은 더 높아지고, 차시 하나당 담고 있는 학습량도 훨씬 많습니다. 이런 상황에서 5, 6학년 수학이 완벽하지 않다면 결과적으로 뒤처지게 될 확률이 높습니다. 중학교 교육과정에 담긴 새로운 개념을 이해하고 이를 확장해 문제를 해결해야 하는데, 기초가 탄탄하지 않아 문제 하나를 풀기 위한 시간이 늘어나기 때문이지요. 속이 비어있는 그릇은 더 잘 깨지기 마련입니다. 그러니 중학교 선행학습을 하고자 한다면 아이의 현행 수학부터 확실히 잡고 시작하기를 추천합니다.

중학교 학습에 대해 많은 부모가 걱정하고 또 고민합니다. 선행학습에 대한 고민도 물론 필요하지만, 꼭 기억해야 할 것은 아이의 속도에 맞춰 학습하도록 도와주어야 한다는 것입니다. 답을 내리기 힘들다면 우선 아이와 대화하는 시간부터 늘려보세요. 아이와 나누는 이야기 속에서 아이의 생각이나 공부를 대하는 태도를 엿볼 수 있을 것입니다. 학습에서 어려워하는 부분은 무엇인지, 아이는 중학생이 되기 전 어떤 생각을 하고 있는지를 먼저 파악하는 것이 중요합니다. 또한, 선행학습을 하다가 아이가 힘들어한다면 잠깐 멈추고 습관 형성과 현행 공부부터 다시 시작하기를 추천합니다. 가장 우선시 되어야 할 것은 '현행 학습'임을 기억하며 아이가 기본을 잘 쌓아 초등학교 공부를 잘 마무리할 수 있도록 응원해주세요. 응원에 힘입어 중학교 공부의 시작도 잘 해낼 수 있을 것입니다.

중학교 배정 A to Z
(일반중, 특차중, 국제중)

일반 중학교는 가족의 거주지 기준으로 배정

10월 말 즈음이 되면 학생들의 배정 원서 작성이 시작됩니다. 이 시기에는 부모님들이 필수적으로 학교에 제출해야 하는 서류가 있습니다. 바로 '주민등록등본'입니다. 주민등록등본은 학생의 주소지를 확인하기 위해 사용됩니다. 일반적인 중학교의 배정은 학생의 주소지를 기준으로 하기 때문입니다.

제출한 주민등록등본에 학생과 부모님 모두가 함께 등재되어 있다면 추가 서류 제출은 필요하지 않습니다. 그러나 학생이 부모님 모두와 함께 등재되어 있지 않다면 그 사유를 소명할 수 있는 추가 서류의 제출이 필요합니다. 상황에 따른 필요 서류 목록을 학교에서 안내하면 그에 맞는 서류를 제출해야 합니다.

담임 교사는 제출된 서류를 확인하고 현재 주소를 기준으로 배정 원서를 작성하여 교육청에 제출합니다. 서울의 경우 2월 초 즈음에 중학교 배정통지서가 배부되고 그때 자녀가 배정받은 중학교를 알 수 있습니다. 배정 원서의 배부 당일부터 약 이틀 후까지 중학교 입학 등록 기간입니다. 대부분 학생들은 학교에서 배정통지서를 받으면 곧장 중학교에 방문하여 입학 등록을 합니다.

주소의 변동 계획이 있는 경우는 어떻게 해야 할까요?

이사를 계획하고 있다면 이사 날짜에 따라 중학교 배정 방법이 조금 달라질 수 있습니다. 배정 대상 추가 및 제외 가능 기간 안에 거주지를 이전했다면 배정 원서가 수정됩니다. 일반적으로 배정 대상 추가 및 제외 가능 기간은 해당 연도의 말입니다.

위 기간 이후에 거주지를 이전했다면 재배정 대상자가 됩니다. 재배정 신청은 각 지역의 교육청마다 일정이 상이하므로 반드시 이전한 거주지 관할 교육청의 재배정 계획을 확인해야 합니다. 학생이 재배정 대상으로 신청되면 2월 중 재배정 결과가 발표되며 일반 학생들과 동일하게 중학교에 입학하게 됩니다.

만약 재배정 신청 접수 기간이 지나 거주지를 이전했다면 기존에 배정받았던 중학교에 입학하는 것으로 처리됩니다. 다만 중학교 입학일에 즉시 거주 지역의 중학교로 전학 처리가 가능하니 크게 걱정할 것은 없습니다.

참고로 위에서 말한 거주지의 이전이란 현재 초등학교가 속해 있는 교육청의 관외로 이사하는 것을 말합니다. 만약 현재 교육청의 관내에서 이사를 하였다면 중학교를 새롭게 배정받을 수 없습니다.

체육특기자 지원 학생이 거치는 과정

체육특기자에 해당하는 운동 범위는 다음과 같습니다.

검도, 골프, 근대5종, 농구, 다이빙, 럭비, 레슬링, 롤러, 바둑, 배구, 배드민턴, 복싱, 볼링, 빙상(쇼트트랙, 스피드스케이팅, 아이스하키, 컬링, 피겨), 사격(공기소총, 공기권총, 권총, 소총), 사이클(트랙, MTB), 수영(경영), 스노보드·스키, 씨름, 아티스틱스위밍, 야구·소프트볼, 양궁, 에어로빅, 역도, 요트, 유도, 육상(트랙, 필드), 정구, 체조(기계체조, 리듬체조, 에어로빅체조), 축구, 카누, 탁구, 태권도, 테니스, 펜싱, 하키, 핸드볼

※ 위의 종목 이외에 대한체육회 산하 단체 해당 종목

체육특기자의 자격은 아래와 같습니다.

① 「학교체육진흥법」제2조에 규정된 학생선수인 자
② 해당 경기종목으로 위(2. 대회 인정 범위) ①, ②항에서 정한 각종 대회에 3회 이상(축구는 리그대회 5경기 이상) 출전한 자(단, 무용은 개인 또는 2인무에 한함)
③ 위 ①, ②항 이외의 학생 중 신체적 조건·소질 및 기타의 사유로 운동선수로 장래성이 있다고 학교장이 체육특기자로 추천하고 각 교육지원청 교육장이 인정하여 체육특기자 배정위원회에서 중학교 입학 체육특기자로 선정된 자
※ 위 ①, ②, ③항에서 정한 자격으로 원서 제출 후 지원 자격 변경 불가

체육특기자는 거주지를 관할하는 교육지원청 관내 중학교에 배정되는 것이 원칙입니다. 만약 관내 중학교에 해당 육성 종목이 없는 경우에는 다른 교육지원청 관할 지역으로 가게 됩니다. 자녀가 지원한 학교의 지원자 수가 배정 정원수에 미달인 경우에는 해당 학교로 배정받을 수 있습니다. 그런데 만약 지원자 수가 배정 정원수를 초과한다면 다음과 같은 기준으로 학생의 선발이 이루어집니다.

가. 1순위: 대회 출전 여부 기준 고득점자

나. 2순위: 서울특별시 소재 초등학교 재학 기간 기준 고득점자

다. 3순위: 선수 등록 기간 기준 고득점자

※ 단, 3순위 점수까지 동일할 경우 추첨 등을 통하여 정원 내 배정한다.

체육특기자의 합격 발표는 일반 중학교 배정 원서를 작성하기 전에 실시됩니다. 자녀가 체육특기자로 선정되었다면 일반 중학교 배정 원서를 추가적으로 작성하지 않습니다. 반면 체육특기자로 선발되지 못했다면 일반중학교 배정 원서를 작성하고 거주지를 기준으로 중학교에 배정받게 됩니다.

특차중학교의 종류와 선발 과정

특차중학교란 '학생을 선발하는 중학교'를 말합니다. 학생을 선발하는 중학교는 아래와 같습니다.

대원국제중, 영훈국제중, 청심국제중, 부산국제중, 서울체육중, 예원학교, 선화예술학교, 한국삼육중학교, 전통예술중학교, 국악학교 등

특차중학교에서는 각 학교의 입학전형 요강에 따라 학생을 선발합니다. 전형 유형은 일반전형, 특별전형, 국가유공자전형, 특례입학전형 등으로 나뉘어 있으며 서류 심사, 면접, 실기고사 등이 실시됩니다. 원하는 학교의 전년도 입학전형 요강을 미리 확인하고 전형에 따른 준비를 하는 것은 큰 도움이 될 것입니다. 해당 학년도의 입학전형 요강은 5~6월부터 각 학교의 홈페이지에 게시됩니다. 수시로 원하는 학교의 홈페이지 게시판을 확인하는 것이 좋습니다. 특차중학교는 접수 일시 및 전형 시기, 합격 여부와 관계없이 1개교만 지원해야 합니다. 학교를 이중 지원하는 실수가 없도록 유의해야 합니다.

특차중학교 입학 과정에 대한 이해를 돕기 위해 부모님과 학생들의 많은 관심을 받고 있는 영훈국제중학교의 신입생 입학 전형 요강(2024학년도)을 살펴보겠습니다. 전형은 세 가지로 구분되어 있으며 전형별 선발 인원은 아래 표와 같습니다.

전형 구분		모집 인원
정원 내	일반전형	128명
	사회통합전형	32명
정원 외	보훈자 자녀전형	4명 이내
합계		164명(5학급)

영훈국제중학교의 지원자격은 서울특별시 소재 초등학교 졸업(예정)자 또는 초등학교를 졸업한 자와 동등한 학력이 있다고 인정된 자로서 서울특별시에 거주하는 자입니다. 일반전형에 지원하는 학생은 추가적인 자격 요

건이 필요하지 않습니다.

사회통합전형은 다음과 같이 세 가지의 세부 전형으로 나누어집니다. 기회균등전형(1순위), 사회다양성전형(2순위), 사회다양선전형(3순위)입니다.

기회균등전형(1순위) 자격은 국민기초생활수급자, 법정차상위계층, 한부모가족지원대상자, 국가보훈대상자, 기준 중위소득 50퍼센트 이하 가구, 기준 중위소득 60퍼센트 이하 가구, 가정형편이 어려운 학생 중 학교장이 추천한 자입니다.

사회다양성전형(2순위) 지원 자격은 다문화가족, 북한이탈주민, 특수교육대상자, 한부모가족 지원 대상자 이외 소년·소녀 가장 또는 조손가족, 장애인의 자녀, 순직군경·순직소방관·순직교원·순직공무원의 자녀입니다.

사회다양성전형(3순위)는 한부모가족 자녀, 다자녀가족의 자녀, 특수직업 종사자 자녀입니다. 여기에서 말하는 특수직업 종사자는 12년 이상 재직 중인 중령 이하 군인, 12년 이상 재직 중인 경감 이하 경찰, 12년 이상 재직 중인 소방경 이하 소방공무원, 시·도 또는 군·구 소속으로 재직 중인 환경미화원입니다.

사회통합전형은 단계별로 선발하며 단계별 선발 비율은 아래와 같습니다.

단계별	대상자	선발 비율
1단계	1순위	70%(22명)
2단계	1순위 탈락자와 2순위 대상자	20%(7명)
3단계	2순위 탈락자와 3순위 대상자	10%(3명)

영훈국제중학교에 합격하기 위해서는 어떻게 해야 할까요? 해당 학교의 합격자 선발은 전산추첨을 통해 이루어집니다. 모두에게 동일한 추첨의 기회가 주어지기 때문에 특별히 합격에 유리한 방법은 없다고 할 수 있습니다. 그럼에도 불구하고 조금이라도 합격 가능성을 높이려면 어떻게 해야 할까요?

먼저, 자녀가 사회통합전형에 지원할 수 있는지 자격 요건을 따져봐야 합니다. 일반전형의 선발 인원은 사회통합전형 선발 인원의 4배가 넘지만 일반전형으로 지원하는 것은 가장 불리한 방법입니다. 지원 자격에 특별한 요건도 없을뿐더러 추첨 방식으로 학생을 선발하기 때문에 지원자가 넘쳐날 수밖에 없습니다. 따라서 사회통합전형 지원 가능 여부를 가장 먼저 확인해보아야 합니다.

사회통합전형에 지원할 수 있는 자격이 된다면 반드시 사회통합전형으로 지원해야 합니다. 특히, 사회통합전형 중 기회균등전형(1순위)은 일반전형에 비해 크게 유리합니다. 기회균등전형(1순위)에 지원한 학생은 사회통합전형 1단계 추첨에 참여하여 탈락하더라도 2단계 추첨에 자동으로 참여하게 되고 거기에서 떨어져도 3단계 추첨에 자동으로 참여하게 됩니다. 단계가 지날수록 확률이 점점 낮아지지만 3번의 추첨 기회가 주어진다는 것은 다른 학생들에 비해 매우 유리하다고 볼 수 있습니다.

일반적인 가정에서 사회통합전형의 지원 자격을 충족하는 것은 쉽지 않습니다. 그러나 기회가 조금이라도 열려 있는 가정이라면 지원 자격을 충족하기 위해 노력해 볼 수 있습니다. 예를 들어 아이의 교육 등을 위하여 잠시 맞벌이를 중단한 가정이 있다고 해보겠습니다. 그 가정의 현재 소득 수준이 기준 중위소득 60퍼센트 이하라면 나머지 부모의 경제 활동 시작 시기를 자녀의 중학교 입학 이후로 늦추는 것을 고려해볼 만하다고 생각합니다. 또는 세 번째 자녀를 가질 것인지 고민하고 있는 가정에서 국제중에 관심이 있다면 다자녀가족의 자격으로 국제중을 지원하는 것에 대해 고려해볼 수 있습니다.

"내 자녀가 원하는 학교에 배정받는 방법이 있을까요?"

위에서 설명했듯이 체육특기자, 특차중학교에 지원한 학생이 아니라면 우리 아이의 중학교 배정 기준은 현재 주소지가 됩니다. 따라서 내 자녀를 원하는 중학교에 임의대로 보낼 수는 없습니다. 하지만 경우에 따라서 중학교 배정에 대한 선택지가 생기는 학생들이 있습니다.

첫째, 다자녀 가정의 학생입니다. 18세 미만의 자녀 3명 이상을 양육하는 가정의 학생 중 형제·자매·남매가 재학 중인 동일 학교로 배정을 희망할 경우에 그 학생은 해당 학교에 배정될 수 있습니다. 다자녀 가정의 학생이라고 하여 무조건 원하는 학교로 배정받는 것이 아니라 형제·자매·남매가 재학 중인 중학교로 배정받는 것임을 혼돈하지 않아야 합니다.

둘째, 쌍생아 학생입니다. 쌍생아는 원할 경우 동일한 학교로 배정받을 수 있습니다. 단, 이것이 원하는 학교를 지정하여 갈 수 있다는 의미는 아닙니다. 이성 쌍생아의 경우 거주지 학교군 내 남녀 공학 학교가 없으면 다른 학교군 소재의 남녀 공학 학교로 배정됩니다. 쌍생아라 하더라도 '쌍생아

동일 학교 배정 희망 신청서'를 제출하지 않으면 일반 배정 방법에 따라 중학교를 배정합니다.

셋째, 학교폭력 분리배정 대상자입니다. 학교폭력으로 전학 조치된 가해학생과 피해학생을 배정할 때는 피해학생의 보호를 위해 충분한 거리 등을 고려하고 이 둘을 각각 다른 학교에 배정하게 되어 있습니다. 다만 학교폭력대책심의(자치)위원회를 개최하지 않은 경우나 학교폭력대책심의(자치)위원회에서 전학 외 조치가 결정된 경우는 분리 배정이 불가능합니다.

넷째, 근거리 통학 대상자입니다. 지체장애인으로 등록하고 장애인등록증(복지카드)을 발급받은 자 또는 영구적·반영구적 질환으로 신체의 기능 장애가 현저하여 학교 통학에 극히 어려움이 예상되는 자는 근거리 통학 대상자로 신청할 수 있습니다. 근거리 통학 대상자로 선정될 경우 거주지의 근거리 학교로 배정되어 통학의 편의를 기대해볼 수 있습니다.